무엇이 삶을 단단하게 만드는가

성공과 행복에 대한 새로운 성찰, 솔로몬의 잠언

일러두기

* 본문의 '하나님'은 저자의 의도를 반영한 표기다.

성공과 행복에 대한 새로운 성찰, 솔로몬의 잠언

무엇이
삶을
단단하게
만드는가

박기현 지음

위즈덤하우스

삶을 단단하게 하는 지혜, 잠언

3,000년 전 사람의 사상과 행적을 추적하는 것은 결코 쉬운 일이 아니다. 이때와 같은 시기인 우리나라 고조선 시절 군주의 행적을 추적한다고 가정했을 때 그 어려움을 생각해보라. 하지만 솔로몬 왕은 예외다. 그가 남긴 세 권의 걸작, '잠언' '전도서' '아가'로 그의 생각과 삶을 유추할 수 있기 때문이다.

사실 솔로몬은 그 당시 세속에서 가장 성공한 군주였다. 하지만 세속 성공에 대한 경계를 쉬지 않는다. 잠언은 이와 같은 솔로몬의 생각이 담긴 책이다. 솔로몬은 성공한 삶을 살 수 있는 비법을 이야기하면서도 한편으로는 앞만 보고 달려가는 세속적 삶을 경계했다. 솔로몬은 쉼 없이 지혜를 구하라 하고 미련함을 버리라 강청한다. 그는 영혼을 생각하는 인물이었다. 이스라엘 민족의 왕으로서 여호와 하나님 신앙을 지키며 내세가 있다고 믿었다. 자신은 하나님으로부터 많은 질책을 받았기에 잠언 속에 자신의 삶에서 찾을 수 있는 많은 교훈을 남기고 싶어 했다.

솔로몬은 기원전 10세기 인물로 기원전 960~920년쯤 잠언·전도서·아가의 대부분을 집필했다. 놀라운 것은 세계인이 가장 많이 읽는 책인 성경 중 가장 사랑받는 부분이 잠언이라는 점이다. 성경이 낯선 분들을 위해 잠시 소개하자면, 개신교인들이 보는 성경은 지금처럼 한 권이 아니었다. 모두 66권(천주교 성경은 73권)으로, 구약성경 39권과 신약성경 27권으로 구성되었다. 잠언은 구약성경 한복판쯤 나오는 책으로 흔히 '솔로몬의 잠언'이라고 불리었다. 공교롭게도 잠언은 31장이다. 매일 한 장씩 읽으면 한 달간 삶을 지혜롭게 성공적으로 살아갈 수 있다는 이야기가 전해와 어느 성경보다도 많이 읽히는 책이다.

솔로몬은 중근동 최대 부자였던 이스라엘 군주 가운데 한 명이다. 그는 지금까지도 이스라엘인들에게서 가장 존경받는 성군인 다

윗 왕의 아들로 무역왕이자 그 당시 가장 힘 있는 군주였다. 그런 그
가 세상 최고의 환락과 부와 명예를 즐기고 난 다음 우리에게 남겨
준 말이 너무도 기이하다. 그가 지은 다른 성경 전도서에서 솔로몬
은 스스로 이렇게 되뇌었다.

사람이 해 아래에서 행하는 모든 수고와 마음에 애쓰는 것이 무슨
소득이 있으랴
일평생에 근심하며 수고하는 것이 슬픔뿐이라 그의 마음이 밤에
도 쉬지 못하나니 이것도 헛되도다
사람이 먹고 마시며 수고하는 것보다 그의 마음을 더 기쁘게 하는
것은 없나니 내가 이것도 본즉 하나님의 손에서 나오는 것이로다
아, 먹고 즐기는 일을 누가 나보다 더 해 보았으랴

_ 전도서 2:22-25

모든 걸 해보고 모든 걸 누린 솔로몬이 우리에게 남긴 말은 "전도자가 이르되 헛되고 헛되며 헛되고 헛되니 모든 것이 헛되도다(전도서 1:2)"가 전부다. 전도자란 자신, 즉 솔로몬이다. 그가 무려 다섯 번에 걸쳐 한 말이 '헛되다'라니. 물론 솔로몬은 후회와 한탄으로 마무리하고자 한 것은 아니다. 인생의 선배로서 그리고 선각자로서 삶을 어떻게 살아야 할 것인지에 대한 진지하고도 솔직한 성찰을 시도한 것이다.

그는 잠언에서 인생과 행복을 바라보는 새로운 시각을 가질 것을 충고한다. 우리가 좇는 신기루 같은 행복이 무엇인지를 살펴보고 자신이 느낀 깊은 후회와 통찰을 아름다운 교훈으로 남겼다. 바로 '인생을 다시 생각하라!'이다. 즉 잠언은 행복한 인생을 위해 어떤 시각을 가지고 세상을 바라볼 것인가 하는 '관점의 변화'를 촉구하는 글이다. 빨간색 선글라스를 끼면 세상은 온통 빨간색이고 파란색 선글

라스를 끼면 세상은 파란 색으로 보일 수밖에 없다. 이런 점에서 보면, 인생에서 우리가 어떤 안경을 끼고 살아야 하는지에 대한 통찰력을 제공하는 것이 바로 솔로몬의 잠언이라 할 수 있다.

더불어 수많은 이유 등으로 쉴 새 없이 흔들리는 현대인의 삶이 보다 단단해질 수 있는 유용한 지혜를 제공한다. 기독교계 가장 유명한 필자 중 한 사람이자 현대인들에게 가장 영향력을 미치고 있는 찰스 스윈돌 목사에 따르면 잠언에는 서로 다른 180부류가 등장한다. 이 가운데 남자가 46부류, 여자가 23부류, 몇몇 어린이 등이 포함되어 있다. 이처럼 다양한 부류, 다양한 삶의 영역에 관한 필요한 지혜를 담고 있기에, 그 내용 또한 다채롭다.

이 책은 기독교인을 포함해 기독교인이 아니더라도 부담 없이 읽으실 수 있도록 최대한 배려했다. 하지만 또 다소간에 불편한 분도 계실 것이다. 너그러이 양해를 부탁드린다. 그렇지만 최소한 유신론

자라면 이 책에 대해 깊이 공감하게 될 것이라고 믿고 이 글을 썼다. 영혼과 신의 존재를 믿는 분들이라면 공감하는 내용이 적지 않을 것이다.

잠언을 통해 인생 리노베이션을 지금 시작하라. 솔로몬의 지혜와 경륜을 마음껏 즐기시기를 부탁드린다.

2015년 겨울
청랑 박기현

차례

5장 | 솔로몬이 처세를 말하다

1장

지금 왜 솔로몬인가

1
위대한 경영자

솔로몬의 지혜를 배우라! 누구나 다 그렇게 말하곤 하지만 사실 기독교인을 제외하고 솔로몬에 대해 제대로 아는 이는 그리 많지 않다. 기독교인이라도 구약성경을 열심히 읽지 않은 이는 수박 겉핥기 정도로 아는 것에 불과하다.

솔로몬은 통일 이스라엘의 제3대 왕이다. 기원전 900년 이전, 그러니까 지금부터 3,000년 전 인물이기에 어쩌면 케케묵은 고대의 벽장 속 그림 같은 존재처럼 여길지도 모를 일이다. 하지만 기록을 제대로만 살핀다면 그가 얼마나 위대한 최고경영자였는지 금방 알아차릴 수 있을 것이다. 흔히 솔로몬을 동서고금에서 가장 큰 부자라는 표현을 쓰는데, 부자라는 단어만으로 그를 설명하는 것은 너무 부족하다. 어쩌면 장님 코끼리 더듬는 짓일지도 모르겠다.

굳이 비교하자면 마이크로소프트의 빌 게이츠나 투자의 귀재라는 워런 버핏이 그와 버금가는 수준이나 되려나? 하지만 솔로몬이 살아 있다면 이들은 풋내기에 불과하다고 코웃음을 칠 수도 있다. 21세기에 가장 영향력 있는 정치가로 미국의 오바마 대통령이나 중국의 시진핑 주석을 꼽을 수 있겠지만 솔로몬은 오히려 이들을 능가할 외교술과 정치력을 가진 인물이었다. 그는 당대 중근동에서 최고의 정치적 강자이자 전략가였으며, 위대한 최고경영자이자 무역왕이었다.

솔로몬은 3,000년 전에 인접한 초강대국 이집트와 메소포타미아의 문명 대국들과 겨뤄 그들을 밀어내고 동쪽으로는 유프라테스 강에서부터 서쪽으로는 이집트 경계에 이르는 광대한 지역을 차지했다.

솔로몬은 이때 국방력 강화를 위해 당시로서는 가장 선진 무기인 전차도 다수 갖추고 있었다. 철로 만들어진 이스라엘의 막강한 전차(병거라고 보통 불렀다)는 기동성을 갖춘 최고의 공격형 무기로 돌격부대의 선봉 역할을 맡았다. 원래 이스라엘은 전차를 보유할 수 없게 되어 있었다. 이스라엘의 신, 여호와 하나님이 이스라엘은 신의 통치를 받는 나라이므로 말이나 전차의 보유를 금했기 때문이다. 하지만 솔로몬은 하나님의 명령을 어기면서까지 말과 전차를 보유케 했다. 그것만이 나라를 지키는 방패 역할을 할 수 있으리라 믿었기 때문이다. 그 결과 하나님께 실망을 드리긴 했지만 나라는 단기간에 막강한 국력을 자랑하게 되었다.

솔로몬이 열심히 국방력을 키운 결과 이스라엘은 전차 4,000대와 기병 12,000명을 확보하게 되었다(열왕기는 말이 4만 필이라 했는데 이는 과장된 수치일 수도 있다). 이 정도면 어떤 나라도 이스라엘을 우습게 여기지 못할 강력한 규모였다. 여기에 도로를 새로 건설했고 주요 도로 교차점에 전진기지와 보급기지를 세워 식량과 무기를 비축했다. 언제든지 군사 동원이 가능한 전시체제를 유지토록 한 것이다.

솔로몬은 강력한 국방력은 적의 오판을 막아 전쟁을 막아준다고 믿었다. '힘'은 곧 '국방력'이고 또한 '평화'라는 관념은 이스라엘 민족 전체에 오랫동안 영향을 미쳤다.

솔로몬의 외교적 협상력은 당대 최고였고 이후로도 오랫동안 그를 능가하는 자가 없었다. 이집트와 메소포타미아의 강국들처럼 호시탐탐 이스라엘을 노리는 주변의 강적들이 이스라엘과 전쟁하지 않은 것은 오로지 솔로몬의 공이었다.

이런 군사력과 외교력을 바탕으로 이스라엘은 중근동에서 가장 넓은 땅을 차지했다. 당시 이스라엘은 현재 레바논은 물론이고 요단 강 건너 남쪽 요르단과 북쪽 시리아는 물론 이집트 접경까지 넓은 지역을 차지했다. 이는 현대 이스라엘 영토보다 세 배 이상 넓었다.

솔로몬이 그 큰 강 유프라테스 강에서부터 블레셋 사람의 땅에 이르기까지와 이집트 지경에 미치기까지의 모든 나라를 다스리므로 솔로몬이 사는 동안에 그 나라들이 조공을 바쳐 섬겼더라(솔로몬 왕은 유프라테스 강에서부터 블레셋 사람의 땅과 이집트 국경까지 모든 나라를 통치하였고 솔로몬의 속국들은 솔로몬 생전에 조공을 바치며 섬겼다._쉬운 성경 해석)

_ 열왕기상 4:21

구약성경의 기록이 솔로몬 왕국의 경계를 이렇게 증명하고 있다. 게다가 이집트처럼 중근동 최대 강국과 대등한 동맹을 맺고 나라를 튼튼히 했으니 이만하면 최강 전략가라고 할 만하지 않겠는가?

솔로몬은 왕위에 오른 지 4년이 되면서 드디어 여호와 신, 하나님이 머물 수 있는 성전을 건축하기 시작했다. 먼저 성전 건축에 필요한 노동력 규모를 정했는데 무려 153,600명이나 되는 대인원이었다. 그들은 지휘자급인 리더들 즉 감독자 그룹, 또 돌 뜨는 자라고 불린 석공 기술자 그룹, 나머지 보조 인력 등 세 그룹으로 구성되었다. 솔로몬은 이들을 동원해 결국 7년 만에 세상에서 가장 아름답고 가장 거룩한 신의 성전을 건축했다. 7년에 걸쳐 건축한 대성전은 '세상 어떤 나라의 신전보다 권위가 있었고 웅장'했다고 역사가들은 입을 모아 칭송했고 이 거룩한 성전에서 하나님께 드리는 예배가 얼마나 신비롭고 엄숙했던지 중근동의 모든 군주들이 그를 부러

위했다. 다만, '솔로몬의 성전'이라고 부르는 그 위대한 건축물이 지금 하나도 남아 있지 않은 점은 정말로 애석할 뿐이다.

솔로몬은 성전 공사가 끝나자마자 백성들을 독려하여 새로운 왕궁 건설에 착수했다. 이 공사는 무려 13년이나 걸린 대공사였다. 하지만 그 왕궁이 얼마나 아름답고 거대했던지 당시 사람들은 이 왕궁을 '레바논 숲의 궁전'이라고 불렀다. 솔로몬은 숱한 반대에도 밀어붙여 결국 세기의 걸작을 만든 것이다. 그의 궁전에서 쓰는 하루 식량은 밀가루가 90석, 살찐 소가 40마리, 양이 100마리나 되었다고 하니 살림의 규모를 짐작할 수 있다. 물론 백성들은 세금 내느라 죽을 지경이라고 투덜댔지만 사실을 말하자면 그들도 함께 잘 먹고 잘사는 것을 즐겼다.

조직을 강화하고 시스템을 짜는 것도 솔로몬의 몫이었는데 그는 이것을 중근동 군주 누구보다 잘할 수 있는 준비가 되어 있었다. 물론 그것은 이스라엘의 위대한 하나님이 그에게 주신 지혜 덕분이었고 아버지 다윗 왕이 세운 좋은 전통 덕분이었다.

구약성경의 열왕기상 10장과 11장 기록은 솔로몬 왕이 재산과 지혜가 천하 열왕보다 뛰어났다고 기록하고 있는 것을 발견할 수 있다.

솔로몬은 해상왕이기도 했다. 그는 홍해의 에시온게벨에 조선소를 만들어 해상권을 장악하고 있었다. 그곳은 이스라엘이 바다로 진출하는 전진기지였다. 지중해와 인도양을 내다보고 바다 끝에 무역기지를 세운 것이다. 이 항구에서 원양 항해를 할 수 있는 대형 무역선을 건조했다. 이 무역선을 통해 각국의 신기하고 값나가는 귀한 물품을 들여올 수 있었다.

2
최고 지혜자

솔로몬은 지혜자의 대명사로 당시는 물론 오늘날까지 널리 알려진 인물이다. 그가 내린 많은 결정은 당대 사람들은 물론 역사에 전해질 정도로 놀라운 것들이었다.

어느 날 솔로몬의 궁전에 두 여인이 찾아왔다. 한 여인이 먼저 말을 꺼냈다.

"임금님, 이 여자와 저는 한 집에 살고 있습니다. 제가 아이를 낳을 때에 이 여자도 집에 있었습니다. 그런데 제가 해산한 지 사흘째 되던 날 이 여자도 아이를 낳았습니다. 집에는 우리 둘만 있었습니다. 그런데 그날 밤, 이 여자는 실수로 자기의 아들을 깔아뭉개 죽였습니다. 그리고 이 여자는 한밤중에 일어나 제가 잠자는 사이에 곁에 있던 제 아들을 데려갔습니다. 제 아들을 데려다 자기 품에 두고 죽은 자기 아들을 제 품에 놓고 간 것입니다. 제가 아침에 일어나 젖을 먹이려다 보니 아이는 죽어 있었습니다. 날이 밝아서야 그 아이가 제 몸에서 난 아이가 아닌 것을 알았습니다."

그러자 다른 여인이 말했다. "무슨 소릴? 살아 있는 아이는 내 아이고 죽은 아이가 네 아이란 말이야." 첫 번째 여자도 지지 않고 "천만에! 죽은 아이가 네 아이란 말이다"라고 주장했다. 그들은 솔로몬 왕 앞에서 계속하여 말싸움을 벌였다. 두 사람의 설전이 워낙 팽팽해 누구 말이 맞는지 도저히 알 수가 없는 노릇이었다.

그때 솔로몬이 그들에게 말했다. "한 사람은 '살아 있는 아이가 내 아들이고 네 아들은 죽었다' 하고 또 한 사람은 반대로 이야기를 하는구나. 내가 명쾌한 해답을 내려주마. 여봐라. 들어가서 큰 칼 하나를 가지고 나오너라!"

신하들이 칼을 내오자 솔로몬은 단호하게 명령을 내렸다. "살아 있는 이 아이를 둘로 나누어 반쪽은 이 여자에게 또 반쪽은 저 여자에게 주어라." 모두가 예상치 못한 깜짝 놀랄 판결이었다.

그러자 살아 있는 아이의 어미가 제 자식을 생각하여 가슴이 메어지자 솔로몬에게 말했다.

"임금님, 이 아이를 저 여자에게 주시고 죽이지만은 마십시오."

그러나 다른 여인은 "어차피 내 아이도 네 아이도 아니니 나누어 갖자"고 했다. 그때 솔로몬은 "그 아이를 죽이지 말고 처음 여자에게 내주어라. 그가 참 어미다"라고 판결했다.

솔로몬의 판결이 나자, 온 이스라엘에 그에게 하나님의 지혜가 있어 정의를 베푼다는 소문이 나게 되었고 모두들 그를 두려워하게 되었다.

또 한 가지 재판은 유대 속담과 우화집에 실려 지금까지 전해오는 이야기다.

세 명의 유대인이 예루살렘에 왔는데 당시는 고대 사회라 은행이 없었다. 그들은 가지고 있는 돈을 마땅히 맡길 곳이 없어 땅에 묻고 자리를 떴다. 그런데 이들이 나중에 돌아와 보니 돈이 감쪽같이 사라지고 없었다. 셋 중 누군가가 훔친 것이 분명했지만 훔쳐간 자가 털어놓을 리는 만무했다. 다음 날 이들 셋은 서로를 의심하며 솔로몬에게 와서 누가 돈을 훔쳤는지 판결해 달라고 요청했다. 그러자 솔로몬은 잠시 생각한 다음 이렇게 말했다.

"자네들은 모두가 현명한 것 같으니 먼저 내가 고민하고 있는 문제부터 해결할 방법을 알려주게. 그러면 내가 자네들 문제를 해결해 줌세."

그들은 솔로몬 왕의 제안을 흔쾌히 받아들였다. 범인을 잡아준다니 거부할 명분도 없었을 것이다.

"어느 젊은 아가씨가 한 청년과 약혼했다가 곧 다른 청년과 사랑에 빠졌네. 그녀는 약혼자를 찾아가 파혼을 제의하고 위자료를 지불하겠다고 말했지. 청년은 상심에 빠져 위자료 따위는 필요 없다며 그 자리에서 약혼을 취소했겠지? 속상한데 위자료 이야기를 할 기분도 아니었을 게야. 그런데 청년과 파혼하고 돌아가던 처녀는 그날 이상한 한 노인에게 납치되었어. 젊은 여인을 탐내는 노인이었겠지. 그런데 놀라운 것은 이 처녀가 조금도 당황하지 않고 침착하게 노인에게 문제의 해결책을 제시한 거네.

'나는 바로 오늘 제가 먼저 약혼자에게 파혼할 것을 제안했습니다. 원래 약혼을 파기하면 위자료 정도는 주어야 한다는 것을 노인장도 알고 계시죠? 그런데 그는 내가 주려던 위자료도 받지 않고 파혼해 주었답니다. 이게 우리 유대인 사회의 윤리입니다. 노인께선 현명하신 분이니 실수하지 않으실 것을 믿습니다. 노인께선 그 청년처럼 똑같이 제게 대해주시는 것이 옳은 일입니다.'

당당한 이야기를 듣더니 노인은 잠시 생각해본 다음 그의 이야기를 옳게 여기고 순순히 처녀를 놓아주었네. 자 이야기를 들었으니 자네들이 판단해보게. 자네들 중에 가장 칭찬받을 자가 누구라고 생각하는가?

첫 번째 유대인이 대답했다네. '파혼당한 청년입니다. 아가씨가 요구한 파혼을 받아들이고 위자료도 받지 않았으니까요. 그 청년이 칭찬받을 만하다고 생각합니다.'

두 번째 유대인이 대답했다네. '저는 아가씨라고 생각합니다. 약혼자에게 파혼을 이야기하는 것을 보면 용기가 있습니다. 그 아가씨는 자신의 진정한 사랑을 얻기 위해 용기를 내어 파혼을 신청했으

니 그것이야말로 칭찬받아 마땅합니다.'

세 번째 유대인도 대답했다네. '저는 잘 모르겠습니다. 너무 복잡합니다. 젊은 아가씨가 왔다갔다한 것도 이상하고요. 그녀를 납치한 노인도 그렇습니다. 돈 때문에 납치했을 건데 돈도 받지 않고서 풀어주다니요. 이야기는 뭔가 앞뒤가 맞지 않습니다.'"

세 사람의 이야기를 묵묵히 듣고 난 솔로몬은 이렇게 판결을 내렸다. "세 번째 유대인 네가 도둑이다. 너는 이야기를 듣고서도 사람에게는 관심이 없고 오로지 돈에만 관심을 쏟으니 네 녀석이 틀림없이 범인이다."

또 한 건의 이야기는 강대국 이집트를 파트너로 삼은 결혼동맹 이야기다.

솔로몬이 국력을 키우고 성전과 왕궁을 건설했지만 이웃한 아프리카 최대 강국 이집트에 비하면 작은 나라였다. 파라오가 통치하는 이 나라가 침공한다면 작은 나라 이스라엘은 금방 초토화될 것이 분명했다. 그러니 솔로몬에게 이집트는 늘 신경이 쓰일 수밖에 없었다. 어느 날 솔로몬은 변복을 하고 이집트로 가 공주를 만나 사랑을 나누고는 금방 돌아왔다.

언변이 좋고 훤칠하고 아름다운 청년 솔로몬을 만난 이집트 공주는 그를 잊지 못하고 백방으로 수소문하다가 자신이 만난 남성이 이스라엘 왕임을 알고서는 아버지 파라오를 졸라 혼인동맹을 맺게 했다. 솔로몬은 이때 파라오에게 국고성(식량이나 무기들을 보관하는 성) 하나를 주면 결혼하겠다는 의사를 내비쳤다. 파라오는 자신의 딸을 위해 이스라엘과 가까운 곳에 있는 국고성을 결혼지참금으로 솔로몬에게 주었다. 이스라엘이 이로 인해 아프리카로 진출할 교두보를 확보한 것은 물론 양국의 평화협정을 이끌어낸 것은 두말할 필요가 없을 것이다.

이런 식의 지혜로움이 중근동에서부터 저 멀리 아프리카까지 소문이 나면서 그의 명성은 드높아졌다. 솔로몬은 최고 재판관으로서 당시 다른 왕들이 쉽게 결론 내리지 못했던 여러 가지 문제들의 해법을 제시할 수 있었다. 이런 판결의 영향으로 지금도 세계 도처에서 그의 이름을 딴 상호나 브랜드명이 현명함 등을 상징하며 다양하게 사용되고 있다.

솔로몬과 스바 여왕과의 만남에 대한 이야기도 살펴보도록 하자. 솔로몬의 지혜로움을 이야기할 때마다 등장하는 이야기이기 때문이다.

스바는 남부 아라비아 백성과 홍해 건너 아비시니아에 살던 백성을 가리키는 말인데 지금은 국경들이 서로 들쭉날쭉해지면서 정확한 위치를 확인하기가 쉽지 않다. 당시 이 나라 사람들은 황금, 보석, 향료 등을 교역했는데, 스바 여왕이 어려운 몇 가지 문제들을 가지고 솔로몬을 테스트하기 위해 이스라엘로 왔다. 솔로몬을 만난 스바 여왕은 정치, 경제, 군사, 심지어 살아가는 모든 삶에 대한 문제까지 물었지만 솔로몬은 어느 하나 막히는 것 없이 답변했다.

바빌론 탈무드에 솔로몬과 스바 여왕의 이야기가 자세히 실려 있다. 한 가지만 소개하면 그녀는 솔로몬에게 이런 질문을 던졌다.

"하늘에서 쏟아진 것도 산에서 내려온 것도 아닌 물이 있습니다. 어떤 경우는 달콤하고 어떤 경우는 씁니다. 과연 이것은 무엇일까요?"

"그것은 눈물이오. 행복할 때는 눈물도 달콤하지만 고통 중일 때는 눈물이 쓴 법이라오."

스바 여왕은 이밖에도 온갖 시시콜콜한 모든 문제들을 물어보고 답을 들은 후 감동을 받아 그에게 고백했다.

"내가 내 나라에서 당신의 행위와 당신의 지혜에 대하여 들은 소문이 사실이군요. 내가 그 말들을 믿지 아니하였더니 이제 와서 친히 본즉 신하들이 내게 말한 것은 오늘 본 것의 절반도 못 되니 당신의 지혜와 복이 내가 들은 소문보다 더하다는 것을 알게 되었습니다. 복되고 복됩니다. 왕의 사람들이여 복되고 복됩니다. 당신의 이 신하들이여! 항상 당신 앞에 서서 당신의 지혜를 들을 수 있으니 얼마나 행복할까요? 저야말로 이제부터 당신의 하나님 여호와를 송축하겠습니다. 여호와께서 당신을 기뻐하사 이스라엘 왕위에 올리셨고 여호와께서 영원히 이스라엘을 사랑하시므로 당신을 세워 왕으로 삼아 정의와 공의를 행하게 하셨음을 확실히 알게 되었습니다."

그런 후에 그녀는 금 120달란트와 많은 향품과 보석을 솔로몬에게 주었다. 지금으로 따져보면 무려 4톤의 금을 주었다는 이야기다. 황금 4톤을 상상이나 할 수 있겠는가? 여왕이 준 선물과 향품은 이후 솔로몬이 다른 나라에게 그 이상의 것을 받은 적이 없을 정도로 많은 양이었다.

솔로몬도 그녀에게 감동하여 원하는 것이 있다면 다 보내주기로 했다고 한다. 여왕과의 소문이 중근동 여러 나라에 나면서 솔로몬의 이름은 좀더 확실하게 널리 알려졌다.

전하기로는 스바 여왕이 귀국할 때 에티오피아에서 예쁜 아기를 낳았는데, 이 아기가 솔로몬과의 사이에서 낳은 아기이며 1974년까지 3,000년간 에티오피아를 지배해온 왕족의 시조였다고 하니 솔로몬의 영광은 아프리카 깊숙이 전해졌음을 알 수가 있다.

2장

솔로몬이 성공을 말하다

1

자본과 무력과 권력을 한번에 쥔 솔로몬

지혜로운 자는 지식을 간직하거니와 미련한 자의 입은 멸망에 가까우니라
부자의 재물은 그의 견고한 성이요 가난한 자의 궁핍은 그의 멸망이니라

_잠언 10:14-15

솔로몬은 자본과 권력을 한번에 잡아 통일 이스라엘의 세 번째 왕
이 된 탁월한 리더였다. 중근동은 물론 아프리카 지역에서도 그를
무시하지 못했다. 그가 얼마나 부자였는지, 이스라엘이 얼마나 부
자국이었는지, 솔로몬과 손잡는 것은 곧 성공을 의미하는 일이었
다. 주변국에서 바치는 황금만 1년에 666달란트였다는 것이 공식적
인 기록이다. 황금 1달란트는 34킬로그램에 해당하는 막대한 물량
이다. 환산하면 연간 조공 세입금이 금 22,644킬로그램에 달한다.
2015년 5월 현재 금 1킬로그램이 4,500만 원가량 된다고 하니 지
금 돈으로 대략 1조 190억 원 정도의 세입금이 들어왔다는 것이다.

그는 이 도저히 상상도 하기 어려운 돈을 어떻게 벌게 되었으며 돈에 대해서는 어떤 마음가짐을 갖고 있었을까?

솔로몬의 잠언은 자본 즉 재물에 대한 분명한 입장을 보인다. 솔로몬은 부자의 재물이 그를 지켜주는 견고한 성이라고 표현한다. 이에 더해 "지혜로운 자의 재물은 그의 면류관이요 미련한 자의 소유는 다만 미련한 것이니라(잠언 14:24)"라고 기록하여 재물을 잘 가꾸고 노력하여 얻는 것 자체를 부정적으로 보지 않았고 오히려 그것이 나라와 자신을 지켜주는 막강한 힘이라는 것을 깨닫고 있었다.

여기에 강력한 국방력도 그가 추구했던 이상이었다. 공격당하지 않으려면 더 강해야 한다는 것을 한시도 잊지 않았다. 그는 다윗 왕처럼 많은 전쟁을 벌이지는 않았으나 꼭 필요하다고 생각하면 전쟁을 망설이지 않았다. 그가 하맛소바라는 땅을 차지하기 위해 정복 전쟁을 벌인 내용이 성경에 있다. 그는 전쟁을 좋아하는 왕은 아니었지만 적에게 침공받을 때를 대비해 이집트로부터 구입한 전차 1,400대로 구성한 막강한 전차군단을 보유했다. 또한 나라 안에 국고성과 병거성(전차가 주둔하는 성), 마병성(기마병이 주둔하는 성)을 완벽하게 건축해 어떤 나라도 감히 이스라엘을 공격할 엄두를 내지 못하게 했다.

완벽하리만큼 갖출 것은 다 갖추어 놓았던 군주, 그가 바로 솔로몬이었다. 구약성경 역대기하 8장은 이렇게 기록했다. "그가 다스

리는 온 땅에 건축하고자 하던 것을 다 건축하니라." 또 역대기하
의 기자는 그를 가리켜 이렇게 기술하여 솔로몬의 성공을 묘사했다.
"솔로몬이 유프라테스 강에서부터 팔레스타인에 이르기까지, 또 이
집트 국경에 이르기까지 그 사이에 있는 모든 나라를 다스리게 되
었다(역대기하 9:26)."

금을 너무 많이 보유하여 온 나라가 은을 귀하게 여기지 않을 정
도였다고 하니 솔로몬을 성공한 군주라고 부르는 것이 이상하지 않
을 정도가 된 것이다. 특히 홍해 근처에 있는 항구 에시온게벨을 중
심으로 홍해와 아라비아 반도, 이집트, 유럽 지중해 국가들과 교역
을 벌였고 통상을 확대했다. 그는 즉위 후부터 기원전 930년에 죽
음을 맞아 다윗성에 장사할 때까지 무려 40년간을 중근동에서 가장
강력한 패권을 갖추었던 군주였다.

재물은 제대로 다루고 관리하라

솔로몬이 다른 이스라엘 군주와 다른 점은 재물을 자신이 노력하
여 얻었다고 생각하지 않았다는 점이다. 그는 자신의 재물이 여호와
하나님이 주신 선물이라고 믿었다. 그러므로 재물을 낭비하지 않고
제대로 다루고 관리하는 것이 중요하다고 믿었다.

그는 "여호와께서 복을 주시므로 사람으로 부하게 하시고 근심

을 겸하여 주지 아니하시느니라(잠언 10:22)"라고 기록한 후 모든 재물의 복에 대한 출발이 하나님으로부터 오고 있음을 고백하고 있다. 또 "빈부가 섞여 살거니와 무릇 그들을 지으신 이는 여호와시니라 (잠언 22:2)"라며 빈부의 출발점을 사람이 아닌 하나님으로부터 온 것임을 받아들이는 모습이다. 재물에 대한 솔로몬의 가치관은 후대에도 깊은 영향을 미쳐 돈을 자신과 가정을 지키는 울타리로 삼으려 했던 유대인을 만들었다. 솔로몬이 가장 성공한 유대인 제왕이었으니 훗날 유대인들에게 끼친 영향이 상당했을 것이라는 것은 틀림없는 일일 것이다.

어쨌든 유대인은 세상에서 가장 돈에 대해 철저한 민족이다. 돈이 없으면 살 수가 없다고 믿는다. 돈이 곧 울타리이자 방어벽이기 때문이다. 스스로 가장 신앙적인 민족이면서 가장 경제적인 존재들이다. 탈무드 격언에는 이런 이야기들이 실려 있다.

지금 가지고 있는 현금을 벌 수 있는 방법은 쓰지 않는 것이다.
몸은 마음에 의존한다. 마음은 지갑에 의존한다.
돈은 하나님으로부터 받을 수 있는 선물을 살 수 있게 해준다.

정말 돈만 아는 동물이라는 비판을 받을 만한 수준이다. 그래서 '유대인' 하면 유럽에선 '돈만 아는 짐승 같은 존재'라는 비난을 받는가 하면 고리대금업자나 수전노, 인색한 부자들 얘기를 하자면 반드시 유대인을 떠올리게 되는 비난의 대상이 되어왔다. 집시가 더 나쁘냐 유대인이 더 나쁘냐 하면 유대인이 더 나쁘다는 비난을 받는 것도 사실이다.

그러나 2,000년간 나라 없이 생존해야 했던 그들로서는 국가의 보호나 국경의 보호 같은 것은 생각조차 할 수 없었다. 아무도 환영하지 않는 남의 나라에 이주하여 눈치 보며 사는 존재들로서는 무시받지 않고 자신을 지키기 위한 유일한 버팀목이 돈밖에 없었던 것이다. 그렇다고 솔로몬의 후예인 유대인이 돈만 아는 동물 같은 존재라고 폄하하기도 어렵다.

지혜는 진주보다 귀하니 네가 사모하는 모든 것으로도 이에 비교할 수 없도다. 그의 오른손에는 장수가 있고 그의 왼손에는 부귀가 있다

_ 잠언 3:15-16

솔로몬은 돈만 아는 유대인이 될까 염려하여 이런 잠언을 지어 후대를 경계했다. 이를 보면 먼저 부자가 되려면 지혜를 얻어야 하고 지혜를 얻기 위해 최선을 다해야 하며 이를 통해 부자가 되는 지혜를 얻어 부와 장수를 부리게 되는 진리를 이야기하고 있는 것이

다. 그럼 솔로몬은 어떻게 세계 최고의 부자가 되었는가를 살펴보자.

흐름을 꿰차는 자가 성공한다

자본가가 되려면 정치를 너무 멀리도 가까이도 하지 말라는 이야기가 있다. 사실 돈을 벌기 위해 정치를 살피고 그 흐름을 예의 주시하는 것은 정말 중요한 과제다. 세상일이든 정치나 돈이든 흐름을 읽지 못하면 뒤처질 수밖에 없는 것이 당연한 일이다.

그런데 솔로몬은 세상의 흐름과 정치의 흐름을 읽을 수 있는 지혜를 가졌다. 생전에 지은 3,000편 이상의 잠언에는 그의 재물과 재테크에 대한 온갖 사상과 철학들이 담겨 있다. 그중에서도 기독교인이 읽는 잠언 31장이야말로 솔로몬 지혜의 진수라고 할 만하다.

다시 말하지만 솔로몬의 부자론, 그의 성공학에 대한 이야기를 들으려면 잠언을 읽어야 한다. 잠언은 기독교인뿐 아니라 수많은 세계인이 읽고 교훈으로 삼는 중요한 책으로, 성경 가운데서도 많이 읽히는 베스트셀러다. 그러나 그것만으로는 부족하다. 잠언에는 그의 삶이 자세하게 실려 있지 않기 때문이다. 그러므로 솔로몬의 행적을 기록해 놓은 책을 읽어야 한다. 자칫 잘못하면 장님이 코끼리 엉덩이를 만지는 격이 되기 때문이다.

솔로몬은 기원전 970년경에 군주가 된 인물이다. 지금부터 약

3,000년 전 사람인 데다가 자료조차 부족하니 접근하기가 결코 쉽지 않다. 하지만 구약성경 열왕기상과 역대기상, 두 곳에 그의 연대기가 자세하게 나와 있으니 그것으로 부자왕 솔로몬의 생애를 재구성할 수 있다는 점에서 다행스런 일이라고 할 수 있다.

잠언에서 귀담아들을 부분은 바로 세상 흐름을 읽는 그의 지혜다. 사실 솔로몬은 혈육 상쟁을 통해 임금이 되었다. 다윗의 아들 가운데 살아 있는 자로서 가장 나이 많은 아들이었던 아도니야라는 자가 있었다. 아도니야는 다윗이 늙어 거동이 어려워지자 스스로 왕이 되기로 했다. 먼저 난 자로 압살롬이라는 아주 준수한 아들이 있어 다윗이 그를 총애했으나 압살롬이 반역을 일으키고 성사 직전에 죽음을 맞았던 터라 아도니야는 그런 실수를 하지 않기로 마음먹었을 것이다. 그리고는 아버지가 늙어 더는 군주의 역할을 감당하지 못할 때 스스로 일어나 왕이 되기를 자처한 것이다. 열왕기상의 기록을 보면 다윗은 아도니야를 어여삐 여겨 '네가 어찌하여 그런 일을 벌였느냐?'고 질책 한 번 한 적이 없는 사랑스런 아들이었던 것으로 나타나 있다. 그러니 다윗이 드러내 놓고 후계자를 지정하지 않은 상태에서 민심은 자연스레 아도니야에게로 쏠리고 있었다.

아도니야는 자신을 따르는 자들이 얼마나 되는지 살피기 위해 예루살렘 왕성에서 아주 가까운 샘인 에느로겔 옆에 양과 소와 살찐 짐승들을 잡아 놓고 자신의 모든 동생과 다윗 왕의 신하들을 두루

초청했다. 그러자 이스라엘인들이 존경하는 제사장 아비아달과 국방부장관 요압과 군사령관들을 포함한 핵심세력이 모두 그에게 달려갔다. 이것은 군사와 제사의 책임자가 그를 따랐다는 말이니 모든 권력이 그에게 쏠려 있었음을 의미한다.

역사적으로 보면 군주의 후계자가 아닌 왕자들은 제대로 된 생을 보장받지 못한 것을 알 수 있다. 솔로몬은 이 잔치에 초대받지도 못한 존재였으니 그의 삶은 풍전등화였다. 그때 솔로몬은 이 소식을 듣고 일의 전후와 자초지종을 살폈다. 그리고는 가만히 어머니 밧세바와 나단 선지자를 통해 아버지 다윗에게 이 소식을 전하게 했다. 자신은 나서지 않고 움직이지 않은 채 때를 기다리고 있었다. 병상에 누웠다가 이 소식을 들은 다윗 왕은 자신의 뜻과 다른 후계구도가 벌어지자 이에 놀라 솔로몬을 불러 자신의 왕위를 전달케 하고 예루살렘에서 가장 성스러운 샘인 남쪽 샘 기혼에서 왕위 취임식을 갖도록 명했다. 예루살렘 두 곳에서 동시에 두 왕이 일어나 왕권 쟁패를 벌이게 된 것이다. 자칫하면 형제끼리 서로 피를 흘리는 전쟁이 벌어질 상황이었다.

이때 솔로몬은 세를 보면 너무도 불리하여 죽음을 맞을 수밖에 없는 중차대한 국면이었지만 흔들리거나 당황하지 않고 두 가지 일을 진행했다. 그 한 가지는 다윗 왕의 여러 제사장 가운데 다윗 왕이 가장 신임하던 사독이라는 제사장을 불러 자신에게 기름 부어 왕이 되도록 했다.* 이것은 신정神政 사회에서 그 정통성을 인정받는 가장 확실한 방법이었다. 솔로몬은 가장 직접적인 방법으로, 하나님으로부터 받는 신탁이 자신에게 돌아왔다는 사실을 세상에 알린 것이다. 그리고는 직접 백성들에게 이 사실을 통고했다. 동시에 큰 뿔나팔을 불어 자신의 등극을 온 세상에 알렸다. 백성들이 환호성을 지르고 박수를 치며 환영하자 그 소리가 예루살렘 성안에 크게 울려 퍼졌다.

이에, 멀리 에느로겔 샘 곁에서 등극 잔치를 준비하던 아도니야는 깜짝 놀라 무슨 소리인지를 묻자 한 소식통이 전하기를 성안 거룩한 샘 기혼에서 솔로몬이 다윗 왕의 기름 부음을 입고 새 왕이 됨을 축하하는 소리라고 전해준다. 이 소리를 들은 좌중은 크게 놀라 흩어지고 아도니야도 안색이 변하여 초죽음이 되었다.

민심이라는 것은 아침저녁으로 달라지는 법이다. 지금까지 '아도니야 왕 만세' 하던 자들이 이번에는 솔로몬에게 밉보일까 걱정하는 분위기로 돌변했다. 합법적인 계승 절차를 따른 왕이 나왔으니 민심이 바뀐 것이다. 아도니야는 형인 압살롬처럼 전쟁을 일으킬 용기는 없었다. 어쩔 수 없이 동생인 솔로몬에게 사정하여 죽음만을 면했다. 결국 솔로몬은 무혈 투쟁으로 지혜롭게 새로운 왕의 자리를

---

* 기름을 붓는다는 것은 사람이나 성물에 향유 등의 기름을 부어 거룩하게 구별하는 것을 말한다. 특히 왕이 되려는 자는 반드시 제사장의 기름부음을 받아야 했다.

차지하고 자신의 목숨도 지킬 수 있었다. 솔로몬은 대세를 살피고 흐름을 읽는 눈을 갖추고 있었기에 가장 미약한 왕자 가운데 하나였지만 결국 이스라엘 왕이 될 수 있었다.

기다려라, 때가 무르익을 때까지

성공을 눈앞에 둔 많은 리더들이 조바심을 내다가 실패하고 만다. 그러나 우리의 영웅 솔로몬은 기다릴 줄 아는 리더였다. 솔로몬은 자신이 왕위에 오를 것을 부왕 다윗이 이미 어릴 적에 말한 바가 있어 때를 기다리고 있었다. 하지만 그때가 찾아오지 않아 암울한 시절을 보내고 있었다. 게다가 솔로몬은 왕이 되기에 대단히 불리한 입장이었다. 무엇보다 그의 태생이 정상적인 게 아니었기 때문이다.

솔로몬의 어머니 밧세바는 적법하게 왕비가 된 여인이 아니었다. 전쟁 중에 장수들을 다 전장으로 내보낸 다윗 왕이 왕궁을 거닐다가 옥상에서 목욕하던 장군 우리야의 아내 밧세바를 보고 반해 그녀를 불러 같이 자버리면서 희대의 불륜이 시작되었다.

다윗은 혹시 아기가 생길까 염려하여 장군 우리야를 전장에서 불러 집으로 들여보내기로 하지만 우리야는 충직한 장수라 전시에 어떻게 홀로 집으로 돌아가느냐며 꿈쩍도 하지 않고 왕궁에서 대기한다. 다윗은 속이 타서 그를 설득했지만 우리야를 움직이지 못했다.

결국 다윗은 사랑에 눈이 멀어 그만의 꼼수이자 잔머리를 발휘하여 우리야를 최전방으로 보낸다. 그리고는 최전방에서 싸우던 우리야를 적의 공격을 받아 죽게 만들었다. 다윗은 죽은 우리야를 위해 성대한 장례식을 지내고 그의 아내 밧세바를 왕궁으로 데려왔다. 하지만 민심은 그를 비웃었고, 또한 그가 가장 두려워하던 하나님으로부터 질책을 받게 되었다.

하나님은 나단 선지자를 통해 그를 비난했지만 왕인 그를 죽이지 않고 그 대신 밧세바가 낳은 첫아들을 죽게 만든다. 다윗은 크게 후회하고 회개했으나 돌이킬 수 없었다. 이후에 다시 낳은 아들이 솔로몬이다. 그러니 다윗의 불륜을 아는 왕자들은 모두 이복형제 솔로몬을 멸시하고 있었다. 이런 와중에 솔로몬은 이미 어릴 적에 왕위계승을 통고받았지만 섣불리 나서지 않고 묵묵히 자신에게 때가 오기만을 기다린 것이다. 아래는 그가 남긴 다른 성경 전도서 3장이다.

범사에 기한이 있고 천하만사가 다 때가 있나니
날 때가 있고 죽을 때가 있으며
심을 때가 있고 심은 것을 뽑을 때가 있으며
죽일 때가 있고 치료할 때가 있으며
헐 때가 있고 세울 때가 있으며
울 때가 있고 웃을 때가 있으며

슬퍼할 때가 있고 춤출 때가 있으며

돌을 던져버릴 때가 있고 돌을 거둘 때가 있으며

안을 때가 있고 안는 일을 멀리할 때가 있으며

_ 전도서 3:1-5(이하 생략)

여기서 돌을 권력이라고 볼 때 솔로몬은 버릴 때와 거둘 때를 알
았던 인물임을 암시하고 있는 것이다. 묵묵히 기다리며 권력을 멀리
할 때와 안아야 할 때를 알았기에 기회가 왔을 때 전광석화처럼 그
것을 잡아 왕이 될 수 있었다. 낚시꾼들은 작은 붕어 한 마리를 잡을
때도, 붕어가 충분히 미끼를 물 때까지 기다린다. 솔로몬은 그 기다
림의 지혜를 "누구든지 내게 들으며 날마다 내 문 곁에서 기다리며
문설주 옆에서 기다리는 자는 복이 있나니(잠언 8:34)"라고 기록했
다. 문 앞에 가 있을지라도 성급하게 뛰어들지 말고 기다릴 줄 아는
지혜가 솔로몬의 강점이었다.

명분은 성공의 가장 큰 동기부여다

아무리 기회가 왔더라도 함부로 덥석 쥐지 말라. 유혹은 쉽고 대
가는 야무진 법이다. 가장 먹음직스러울 때조차 자신을 돌아보고 명
분이 되는지 살펴야 한다.

언젠가 한 재벌로부터 우리나라에서 재벌이고 부자라고 말하고 다니는 것은 국민들에게 무시당하는 지름길이라는 이야기를 들은 적이 있다. 모두가 도둑이라는 비판도 함께 받는다고 했다. 서민들의 위화감과 격차에 대한 질시일 수도 있겠지만 사실 지난 반 세기 동안 부를 쌓아온 이들이 적법하고 명분에 맞는 돈벌이를 하지 못한 것에서 비롯된 것일 수도 있다. 솔로몬은 그런 면에서 전혀 다른 접근을 시도하고 있다.

솔로몬은 명분을 대단히 중요시했다. 물불 가리지 않고 벌어들인 것이 아니라 적법하고 준법한 상태에서 백성의 동의와 이웃 나라의 협조를 구하면서 합법하게 벌어들인 부와 권력이었다. 사람들은 실리를 추구하는 것 같지만 실제로는 명분을 대단히 중요하게 생각한다. 실리를 얻는 것이 아님에도 명분이 서면 손해를 감수하며, 심지어 목숨까지 내놓는다. 솔로몬은 실리를 얻기 위해 명분이 생길 때까지 기다릴 줄 알았다.

먼저 그에 앞서 권력 찬탈을 시도했던 아도니야의 경우를 보자. 그는 솔로몬이 왕이 되면서 불운하게 왕위를 빼앗긴 셈이었으나 사실 죽음을 면한 것만도 큰 행운이었다. 그런데 솔로몬이 왕이 되자 그의 어머니 밧세바에게 가서 이렇게 말했다.

"솔로몬 왕위가 제 것이었던 것을 아시죠? 그러니 아버지 다윗 왕이 총애하던 첩 수넴 여인 아비삭을 제게 주시도록 동생 솔로몬에게 말씀해주세요."

겁을 잊은 것인지 철이 안 든 것인지 알 수 없는 이런 행동 때문에 아도니야는 죽음을 당하고 말았다. 솔로몬은 정적 아도니야를 바로 죽여서 민심을 잃는 방법 대신, 아도니야를 축출할 명분이 쌓일 때까지 기다린 것이다.

이 같은 솔로몬의 명분 쌓기는 여호와 하나님의 법궤를 옮겨오는 것에서 절정에 달한다. 당시 이스라엘 사람들은 하나님이 그 백성들에게 구원의 언약을 보여주신 징표가 담긴 언약궤*를 어느 곳에 두느가가 대단히 중요한 문제였다.

솔로몬은 성전을 만들어 하나님을 그 곳에 모시면서 언약궤를 성전으로 옮겨왔다. 이런 언약궤 안치식은 유대인이 아닌 사람들은 도무지 짐작하기 어려운 일이나 이스라엘에선 가장 중요하고 거룩한 의식이었다.

이 언약궤는 하나님의 상징이자 임재를 보여주는 근거가 되었다. 신과 함께하는 솔로몬이야말로 이스라엘의 대표권한을 가질 수 있는 것이다. 언약궤 안치식을 통해 자신이야말로 진정한 통치권을 가진 자라는 인식을 대내외에 공표한 것이다.

솔로몬은 통일왕국 이스라엘에서 사울과 다윗의 뒤를 이어 세 번

---

* 십계명 돌판, 모세의 형 아론이 쓰던 싹이 난 지팡이, 이스라엘인들이 광야에서 배를 곯고 있을 때 하늘에서 내렸다는 양식 '만나', 이 세 가지를 담은 상자를 언약궤 또는 법궤라고 불렀는데 솔로몬 당시에는 언약궤 안에 십계명 돌판만 있었다.

째 왕이 된 인물이다. 이스라엘이 통일왕국으로 존재한 때는 이 시기 겨우 120년간뿐이었다. 그런데 아버지 다윗과 초대 사울 왕 시절 80년간은 주변국과 끊임없는 전쟁으로 시달려야 했다. 지금 이스라엘이 시리아, 요르단, 이라크, 이란, 이집트 등과 계속해서 충돌하는 모습과 비슷하다.

이 어려운 통일왕국 시대에 무력에 의존하지 않고 최초로 중근동 주변국을 외교력과 경제력으로 제압한 왕이 솔로몬이었다. 물론 아버지 다윗이 통일 전쟁으로 기반을 닦아 이스라엘의 힘이 커졌기 때문에 가능한 일이었다. 솔로몬은 왕이 되자 여호와께 이렇게 기도했다.

"주 여호와 하나님, 저를 이스라엘의 왕이 되게 해주셨으나 저는 너무도 자질이 부족합니다. 이 많은 백성을 다스리기에 너무 아는 것이 없으니 백성을 어떻게 재판하고 다스리겠습니까? 저에게 지혜를 주셔서 주의 백성을 재판해 선악을 분별하게 하옵소서."

솔로몬은 부유하거나 강한 국방력을 원하지 않았다. 오로지 지혜만을 원한 것이다. 그것으로 하나님에게 인정을 받은 그는 이후 40년간 다스리며 이스라엘을 중근동에서 가장 강력한 부국으로 성장케 했다. 솔로몬은 강력한 통치력과 리더십, 탁월한 경영방식으로 국가를 통치했으며, 그 결과 중근동 주변 나라들이 감히 이스라엘을 넘보지 못할 정도가 되었다. 지금 이스라엘의 총리들이 연설에서 가

끔찍 자신의 통치 방식을 솔로몬식 통치라고 자랑하는 것은 여기서 비롯된 것이다.

게다가 솔로몬은 자신을 높이는 방법을 알고 있었다. 자질이 부족한 리더는 자신을 스스로 높이려 한다. 그러나 고수는 남이 자신을 높이도록 만든다. 솔로몬은 유대인이 신앙으로 똘똘 뭉친 민족임을 알고 있었다. 그랬기에 유대인의 하나님을 높이는 데 최선을 다했다.

구체적으로 그는 예루살렘을 성스러운 곳으로 완벽하게 탈바꿈시키기 위해 최선의 노력을 기울였다. 이스라엘을 강하게 하고 예루살렘을 성스러운 도시로 만들면 자신의 위상은 절로 높아질 것이었다. 그래서 하나님의 성전을 다른 왕조가 세운 어떤 건물보다 크거나 위압적이지는 않았지만 7년의 세월을 공들여 건축했다. 내부를 치밀하고 아름다우며 화려하게 장식하기 위해서였다. 성전 전체를 종려나무와 연꽃무늬로 장식하게 했는데 곳곳에 순금을 입혀 성전에 들어온 이들은 누구나 그 아름다움에 넋을 잃었고 성전 앞에서 절로 무릎을 꿇을 수밖에 없었다. 하나님을 높이면서 더불어 자신도 같이 높임을 받도록 하는 그만의 '합당한 명분 쌓기'를 통해 솔로몬은 대내외에 자신의 통치력을 입증한 것이다.

성공하려면 시스템을 장악하라

솔로몬은 효율적인 시스템을 조직하고 그것을 기반으로 통치술을 발휘한 놀라운 재능을 가진 리더였다. 그는 지혜로는 당할 자가 없었다. 여호와 하나님의 지혜를 전수받은 리더였기 때문이다.

그는 건축이든 무역이든 모든 일을 함에 앞서 조직을 먼저 갖추는 데 주력했다. 그리고 일에 우선순위를 가려서 완급 조절을 했고 또한 분별을 세워 합당한 일을 하게 했다.

한 아이를 놓고 서로 자기 자식이라고 주장하는 두 여인 간의 소송에서 솔로몬은 아이를 둘로 나눠주라는 해괴한 판결을 내리지만 사실 그 말도 안 되는 판결은 아이의 친 어미를 가려내고자 한 분별력 있는 지혜로운 판결이었다. 이 판결 한 번으로 어린 왕 솔로몬의 등극을 못마땅해 하던 비판 세력의 입이 쏙 들어갔다.

자신의 실력으로 조직을 장악한 솔로몬은 체제정비를 서둘렀다. 먼저 노동력을 공급하는 인력, 즉 노예는 아모리 족속과 브리스 족속, 히위 족속, 여부스 족속 가운데서 삼되 이스라엘 사람들은 군사와 고위급 관료와 지휘관으로 삼았다. 이는 몽골제국이 세계정복에 나선 후 동아시아에서는 원나라 민족을 지도자로 세우고 그 밑에 색목인, 그 밑에 고려인, 그 밑에 중국 한족을 두었다는 대목과 아주 비슷하다. 효율적인 통치를 위해 계급과 질서를 확립했고, 이와 함께 이스라엘 사람들을 지도자급으로 삼았다는 것을 주목할 필요가 있다.

또한 영토를 12구역으로 나누는 역내 체제 정비를 시도했다. 각 구역에는 그가 신임할 수 있는 자를 총독으로 임명하고 1년에 한 달씩 번갈아가며 왕실을 위해 양식을 공급토록 명령했다. 또한 전문 정치집단을 별도로 구성했다. 이스라엘 전체를 다스리는 데에는 최고위급 관료 50명을 따로 선발했다. 이들은 가장 높은 자리에서 아랫사람들을 관리 감독했다. 이들을 중심으로 성전과 왕궁성을 20년간 건축하면서 목표를 명확하게 제시해 모든 백성이 앞을 바라보며 일하도록 했다. 요즘 같으면 경제개발 20년 계획을 선포하고 그에 따른 부칙과 조직을 세워 효율적으로 일하도록 한 셈이었다.

솔로몬은 이로써 조직을 완벽하게 강화했고, 그 결과 그가 다스리던 40년간 이스라엘은 중근동에서 강력한 나라, 최고 부자나라가 되었다. 솔로몬의 지혜가 빛나는 순간이었다.

분수를 지켜라, 과욕이 화를 부른다

아래는 잠언 중 한 구절이다.

내가 두 가지 일을 주께 구하였사오니

내가 죽기 전에 내게 거절하지 마옵소서

곧 헛된 것과 거짓말을 내게서 멀리하옵시며

나를 가난하게도 마옵시고 부하게도 마옵시고

오직 필요한 양식으로 나를 먹이시옵소서

혹 내가 배불러서 하나님을 모른다 여호와가 누구냐 할까 하오며

혹 내가 가난하여 도둑질하고 내 하나님의 이름을 욕되게 할까 두

려워함이니이다

_ 잠언 30:7-9

너무 멋진 글 아닌가? 이 글은 아굴이라는 인물이 쓴 잠언이다.
성경 잠언은 솔로몬이 거의 대부분을 썼지만 아굴이 여기에 좋은
잠언을 덧붙였다. 아굴이 어떤 사람인지는 분명히 알려지지 않았다.
이스라엘 사람이 아니라는 설도 있고 솔로몬 왕궁의 성가대장이라
는 이야기도 있다. 여러 설이 있지만 최소한 그가 잠언의 한 부분을
차지할 만한 실력과 경륜을 가졌음을 추론할 수가 있다. 아굴의 재
물론은 솔로몬이 추구한 부자학과 상충되는 것처럼 느껴지기도 한
다. 솔로몬은 성공을 향해 내달렸고 아굴은 지나친 부나 가난을 경
계했기 때문이다.

하지만 자세히 뜯어보면 그렇지 않다. 솔로몬의 사상과 철학을
가장 잘 아는 이가 아굴이었다고 생각할 수 있다. 성가대장이라는
직책은 당시로서는 대단히 중요한 자리였다. 유대인의 절대 신 하나

님을 향해 제사를 드리는 것은 당시 군주로서는 가장 중요한 한 해 행사였다. 이 자리를 빛내고 왕을 높이며 제사의식을 신성하게 하는 직위가 성가대 아니던가? 이것을 웬만한 이에게 맡겼을 리 만무하다. 아굴은 곧 솔로몬의 분신과도 같은 존재였을 것이다. 그런 아굴이 '너무 부자가 되지도 말게, 너무 가난하지도 말게'라고 기도했다는 이야기는 그를 다시 보게 만든다.

잠언은 분수를 말한다. 평생 영광이 될 장관이 되기 직전에 자리에서 쫓겨나거나 그것도 모자라 심지어는 구치소에까지 끌려가게 만드는 죄악의 시발점을 보면 아주 작은 욕심에서 비롯된 것임을 알 수가 있다. 그들이 평생 벌 돈의 몇 백 분의 일, 몇 천 분의 일밖에 안 되는 돈을 탐내다가, 청탁하다가, 그런 것을 들어주다가 패가망신하는 일이 얼마나 많은가? 솔로몬은 잠언의 뒤를 이어 쓴 전도서에서 이 점을 명쾌하게 단정한다.

지나치게 의인이 되지도 말며 지나치게 지혜자도 되지 말라
어찌하여 스스로 패망하게 하겠느냐
지나치게 악인이 되지도 말며 지나치게 우매한 자도 되지 말라
어찌하여 기한 전에 죽으려고 하느냐

_ 전도서 7:16-17

솔로몬은 열두지파의 대표들과 늘 의논하며 그들을 적절한 통치술로 다스렸다. 말 많고 탈 많은 부족들을 다스리면서 그는 이 원칙을 철저히 지켰다. 어느 한쪽 지파에 쏠리지도 않았고 편파적으로 대하지도 않았다. 스스로도 분에 넘치는 일을 조심하고 늘 경계했다.

2

준비된 자에게 찾아오는 성공

땅에 작고도 가장 지혜로운 것 넷이 있나니

곧 힘이 없는 종류로되 먹을 것을 여름에 준비하는 개미와

약한 종류로되 집을 바위 사이에 짓는 사반과

임금이 없으되 다 떼를 지어 나아가는 메뚜기와

손에 잡힐 만하여도 왕궁에 있는 도마뱀이니라

_ 잠언 30:24-28

솔로몬은 네 가지 지혜로운 존재를 예로 들어 인생을 슬기롭게 살
아가기 위한 '준비된 자'에 대한 교훈을 이야기하고 있다. 바로 개미
와 사반과 메뚜기, 도마뱀이 그것이다. 이 중에서 사반은 너구리 혹
은 오소리라고 번역되기도 하는 동물이다. 이들은 몸집도 약하고 적
과 싸우기는 연약한 존재지만 철저하게 삶을 준비하고 적을 대면했
을 때 가장 지혜롭게 싸우는 존재다. 솔로몬은 왕위에 오르기 전에

기록자이자 관찰자로 시대의 흐름을 읽고 기다리며 준비할 줄 알았다. 그리고 개미처럼 묵묵히 자신의 길을 나갔다. 솔로몬은 특히 개미에 대해 잠언에서 두 번이나 강조하고 있다.

개미에게 얻는 지혜

솔로몬은 개미보다 못한 종류의 인간을 게으른 자라고 불렀다.

게으른 자여 개미에게 가서 그가 하는 것을 보고 지혜를 얻으라
개미는 두령도 없고 감독자도 없고 통치자도 없으되
먹을 것을 여름 동안에 예비하며 추수 때에 양식을 모으느니라
게으른 자여 네가 어느 때까지 누워 있겠느냐
네가 어느 때에 잠이 깨어 일어나겠느냐
좀더 자자, 좀더 졸자, 손을 모으고 좀더 누워 있자 하면
네 빈궁이 강도 같이 오며 네 곤핍이 군사 같이 이르리라

_ 잠언 6:6

곧 힘이 없는 종류로되 먹을 것을 여름에 준비하는 개미와

_ 잠언 30:25

잠언은 눕고 싶고 자고 싶고 아무 것도 하기 싫어하는 게으름의 전형을 들면서 그렇게 게으름을 부리다가는 속히 가난해질 것이라고 경고하고 있는 것이다. 그 반대로 개미나 사반 같은 동물은 부지런의 상징이라고 보았다.

부지런한 자의 손은 사람을 다스리게 되어도 게으른 자는 부림을 받느니라

_ 잠언 12:24

부지런한 자의 경영은 풍부함에 이를 것이나 조급한 자는 궁핍함에 이를 따름이니라

_ 잠언 21:5

그는 양털과 삼을 구하여 부지런히 손으로 일하며

_ 잠언 31:13

솔로몬은 손을 놀리는 자에 대해 경계하고 부지런한 자를 격려했다. 그에게 부지런함이란 곧 준비된 자를 의미하는 것이었다. 부지런한 자에 의한 경영은 자신과 주변을 부유하게 만든다고 믿었기 때문이다. 솔로몬은 아버지 다윗 왕이 자신을 위해 얼마나 많은 준

비를 해두었는지를 알고 감격하지 않을 수 없었다. 성전을 짓기 위한 모든 자재와 보물과 자금에 섬겨야 할 인력까지를 잘 준비해준 아버지에게 한없는 감사를 드렸을 법하다. 그럼에도 왕위가 자신에게 돌아올 확률은 거의 없었다. 솔로몬의 쟁쟁한 배다른 형들이 버티고 있었기 때문이다.

그러나 솔로몬은 스스로를 채찍질하며 때를 기다렸다. 앞에서 언급한 것처럼 그는 왕위 계승자가 되기에는 서열이 너무 밀려 있었다. 구약성경 역대기상 1절 이하를 보면 다윗의 계보를 이렇게 설명하고 있다.

다윗이 헤브론에서 낳은 아들들은 이러하니 맏아들은 암논이라 이스르엘 여인 아히노암의 소생이요 둘째는 다니엘이라 갈멜 여인 아비가일의 소생이요

셋째는 압살롬이라 그술 왕 달매의 딸 마아가의 아들이요 넷째는 아도니야라 학깃의 아들이요

다섯째는 스바댜라 아비달의 소생이요 여섯째는 이드르암이라 다윗의 아내 에글라의 소생이니 이 여섯은 헤브론에서 낳았더라 다윗이 거기서 칠 년 육 개월 다스렸고 또 예루살렘에서 삼십삼 년 다스렸으며 예루살렘에서 그가 낳은 아들들은 이러하니 시므아와 소밥과 나단과 솔로몬 네 사람은 다 암미엘의 딸 밧수아의

소생이요

또 입할과 엘리사마와 엘리벨렛과 노가와 네벡과 야비아와 엘리
사마와 엘랴다와 엘리벨렛 아홉 사람은 다 다윗의 아들이요 그들
의 누이는 다말이며 이 외에 또 소실의 아들이 있었더라

다윗의 왕위를 노릴 만한 인물들로 최소 스무 명 정도가 있었다
는 것을 알 수가 있다. 이 중에서 다음 세 명의 왕자는 모든 면에서
탁월해 왕위에 오를 만한 인물이었다. 장자 암논, 탁월한 용모의 지
혜로운 왕자 압살롬, 다윗 왕의 사랑을 듬뿍 받았던 아도니야가 그
들이다.

과도한 욕심이 낳은 결과

장자인 암논은 아주 유리한 위치였다. 그가 착실히 왕위 계승을
준비하고 있었다면 왕위에 오를 수 있었을지도 모를 일이다. 그러나
그는 아름다운 이복 누이 다말에게 흑심을 품었다. 리더가 될 자는
몸가짐을 철저히 해야 한다. 순간의 유혹을 참지 못하고 그는 자신
의 이복 누이를 탐하면서 나락으로 떨어졌다. 암논은 큰 병이 든 것
처럼 가장하고 다말의 병문안을 요청했다. 그녀가 들어오자 "나의
누이야 와서 나와 동침하자"(사무엘하 13:11)며 동생을 성폭행했다.

암논은 거부하는 다말을 강간하고 야욕을 채운 다음에 그녀를 쫓아 버렸다. 생각도 없고 앞뒤도 가릴 줄 모르는 이 파렴치한의 소문이 온 이스라엘에 퍼졌다. 이것만으로도 암논은 왕위에 오를 수 없는 치명적 실수를 범한 셈이었다.

여론이 극도로 좋지 않았지만 차기 왕위 계승자를 누가 비난할 수 있을까? 다음 권력의 중핵이 될 암논의 눈치를 보느라 대신들도 입을 다물었다. 이 일을 보고 분연히 일어선 자는 셋째 왕자 압살롬이었다. 그는 여동생 다말의 보호자였고 그녀를 특별히 아꼈다. 압살롬은 다말을 자기 집으로 데려가 보호하는 한편 장자인 암논에게 복수를 계획한다. 그리고 친구들과 함께 암논을 술에 취하게 한 다음 살해했다. 그에게는 아버지 다윗이 차마 자신을 벌하지 못할 것이라는 배짱과 범죄자를 죽이고 여동생의 복수를 했다는 명분이 있었을 것이다.

아버지 다윗으로서는 진퇴양난이 되었다. 장자가 살해됐으나 범인을 잡아들여 처벌하지 못했다. 골육상쟁이 될 것이 두려웠던 것이다. 게다가 압살롬은 가장 아름답고 멋진 차기 왕위 계승자가 아닌가. 결국 압살롬을 3년간 왕궁에서 추방하는 것으로 마무리했다. 그러나 추방당한 압살롬은 기다리면 돌아올 자신의 왕권을 기다리기보다 앞장서서 찾아가려 했다.

구약성경은 그가 잘 생기고 긴 머리에 카리스마가 뛰어났음을 기록하고 있다. 망명 생활 중에 압살롬은 다윗에게 반감을 품은 이들을 몰래 불러 모았다. 그리고 예루살렘에서 반란을 일으켰다. 아버지 다윗의 책사요 참모였던 아히도벨을 포함해 다수의 고위직들이 압살롬 편이 되어 왕위찬탈에 가담했다. 다윗과 목숨을 같이 나누던 많은 신하들이 권세의 흐름을 읽고서 압살롬에게 가세한 것이다. 압살롬은 솔로몬을 경쟁자로 여기지도 않았기에 부르지 않았다. 그 덕분에 솔로몬으로서는 정쟁의 복판에 들어가지 않고 자신의 힘을 기를 수 있었을 것이다. 압살롬의 반란이 일어나자 다윗은 자신을 따르는 몇몇 신하들과 함께 예루살렘에서 도망쳤다. 신발도 신지 못하고 달아나 자신의 무능을 탓하고 아들 관리와 단속에 실패한 자신을 거세게 자책했을 것이다.

이런 '압살롬의 반란'은 이후부터 왕위찬탈을 뜻하게 되어 영미문학의 단골 소재가 되었다. 희곡과 영화의 타이틀로도 자주 사용되었다. 실제 사건에선 아들 압살롬이 아버지를 철저히 무시하고 왕권을 찬탈했다. 특히 압살롬은 왕위찬탈과 함께 아버지의 권위를 무너뜨리기 위해 아버지의 후궁들을 능욕했다. 이런 가증한 짓은 고대의 관습이었다. 전 대의 왕권을 무시하고 자신이 새로운 자리에 올라섰음을 천하에 보여주려는 행위였다. 다음 경쟁자는 아도니야로 이 이야기는 앞에서도 언급한 바가 있었듯이 솔로몬과 경쟁하다가 과도한 욕심으로 왕위쟁패에서 떨어져 나갔다.

솔로몬은 이 날만을 손꼽아 기다리고 있었다. 자신의 처지를 생각했을 때 왕위에 오르는 것은 어려웠지만 그럼에도 기회가 오기를 기다렸던 것이다. 솔로몬은 언감생심, 도저히 이룰 수 없는 왕권을 꿈꾸고 목표를 감춘 채로 자신의 때가 올 때까지 준비한 진정한 승부사였다.

준비하고 기다리는 자에게 기회는 오는 법이다. 암논과 압살롬, 아도니야는 서둘렀고 준비를 제대로 하지 못한 채 욕심만 부리다가 권좌에서 멀어졌다. 솔로몬은 차기 왕위를 결정하는 데 가장 결정적 권한을 가진 아버지의 심기를 거슬리지 않았고 형들의 골육상쟁에 일체 개입하지 않았다. 현명하고 지혜로운 그였다. 솔로몬이라는 이름 뜻이 평화라는 사실은 그의 성격을 보여준다.

그는 문학에 뛰어났고 지혜를 간절히 사모했다. 경제를 알았고 부와 재테크에 특별한 감각을 가진 인물이었던 그는 그 치열한 경쟁 속에서 때가 무르익기를 기다려 왕위를 물려받았다. 개미처럼 부지런히 자기 할 일을 하면서 때를 기다렸다. 성공은 준비하고 기다리는 자에게 찾아오는 행운이다.

3
가슴으로 품은 리더십

네 손이 선을 베풀 힘이 있거든 마땅히 받을 자에게 베풀기를 아끼지 말며

네게 있거든 이웃에게 이르기를 갔다가 다시 오라 내일 주겠노라 하지 말며

네 이웃이 네 곁에서 평안히 살거든 그를 해하려고 꾀하지 말며

사람이 네게 악을 행하지 아니하였거든 까닭 없이 더불어 다투지 말며

포학한 자를 부러워하지 말며 그의 어떤 행위도 따르지 말라

_ 잠언 3:27-31

솔로몬이 왜 성공한 군주라는 평가를 들을까? 그것은 솔로몬이 사랑과 배려가 가득한 리더였기 때문이다. 그는 유대인이었지만 면전에서는 적과 친구를 가리지 않고 대했으며 또한 사람을 가려 천대하지도 않았다. 백성들의 삶을 걱정한 그는 나라를 튼튼히 하고 경제력을 키우면 백성이 잘살게 된다고 믿었다. 그리고 그가 다스리는 이스라엘 백성들 가운데 게으른 자가 한 명도 생기지 않도록 철

저히 관리하려고 애썼다.

다시 말해 그는 자신의 가치관을 백성들에게 공유시키려는 노력을 한시도 게을리하지 않았다. 오늘날 기업의 최고경영자들은 자신의 가치관과 철학을 임원진부터 현장의 종업원에 이르기까지 철저히 공유하기를 간절히 원한다. 그래서 연수원 등을 지어 정기적으로 기업의 가치와 철학을 구성원들에게 교육하는가 하면 다양한 현장에 경영철학을 알리려 노력한다.

솔로몬은 3,000년 전에 이미 이 같은 노력을 기울였다. 그는 직접 나서서 잠언 3,000편을 지어 백성들에게 널리 읽혔다. 재판을 통해 자신의 목소리를 백성에게 전하려고 노력했다. 당시로서는 임금의 잠언이야말로 베스트셀러였을 것이다. 권위와 능력을 겸비한 솔로몬이었다. 그러면서 백성들에게 자신이 얼마나 백성을 아끼고 사랑하는지 교훈과 도덕과 신앙을 훈련시키려 하는지를 여실히 보여주었다.

솔로몬이 가진 강점 중 하나는 그가 돈을 벌만큼 벌어들인, 셈이 지독히 빠른 무역왕이자 경제통이었지만 가슴이 따뜻하여 백성의 곤궁한 삶도 헤아리는 리더였다는 점이다. 그는 이해관계를 따지지 않고 인간의 가슴을 이해하는 경제의 힘을 알았고 그 힘을 전달하는 능력도 뛰어났다.

힘이 있음에도 베풀지 않는 것은 악

솔로몬은 베풀 힘이 있는 자가 선을 베풀지 않는 것을 악이라고 보았다. 그렇다면 무엇이 선이고 무엇이 악일까? 솔로몬은 여기 잠언에서 명쾌하게 선과 악을 정의했다.

> 여호와의 미워하시는 것 곧 그 마음에 싫어하시는 것이 육칠 가지니
> 곧 교만한 눈과 거짓된 혀와 무죄한 자의 피를 흘리는 손과
> 악한 계교를 꾀하는 마음과 빨리 악으로 달려가는 발과
> 거짓을 말하는 망령된 증인과 및 형제 사이를 이간하는 자니라
>
> _ 잠언 6:16-19

그는 악이라는 기준을 유대인의 절대 신앙 하나님이 싫어하시는 것으로 규정했다. 그리고 하나님이 싫어하시는 6, 7가지 대표적인 사례를 꼽았다. 이런 악의 사례는 당시로서는 관리와 부호, 토지 소유자에게서 주로 발견되는 행위들이었다. 특히 교만에 대해 솔로몬은 엄중히 경계했다. "교만이 오면 욕도 오거니와 겸손한 자에게는 지혜가 있느니라(잠언 11:2)." 교만驕慢은 히브리어 원어에서는 '올라가다'는 의미의 단어를 쓴다. 한자로도 교만의 '교' 자를 보면 말과 관련된 글자임을 알게 된다. 또 고대 그리스어로 교만이란 단어는 '말 위에서 내려다보다'는 뜻이다. 어쩌면 사람들은 교만이 '높은

데 위치하여 아래를 보다'라는 말을 뜻하는 것임을 알고 있었던 모양이다. 그는 교만을 미워했기에 자신의 관원들이 높은 데 거하지 말고 낮은 데 거하기를 간절히 바랐다.

거짓을 말하는 혀는 곧 모함하는 자, 무고하는 자들이다. 거짓을 말하는 망령된 증인과 형제 사이를 이간하는 자들은 백해무익한 사기꾼들로 악한의 전형이다. 또 무죄한 자의 피를 흘리는 손은 폭행을 일삼는 악인들이다. 그뿐 아니다. 악한 계교를 꾀하는 마음과 빨리 악으로 달려가는 발을 품고 사는 것만으로도 악으로 보았다. 은밀한 내면의 죄까지를 악으로 보고 경계했던 것이다.

실제로 솔로몬은 백성들을 위해 기도하는 것을 쉬지 않았고 이스라엘 백성들을 노예로 삼지 못하도록 칙령을 내렸다. 여기에 더 나아가 이스라엘 백성을 지휘자로 관료로 세웠고 결코 천대하지 않았다. 오히려 죄 없는 백성들을 괴롭히는 자를 징벌하고 사로잡혀간 불쌍한 백성들의 처지를 이해하고 배려한 군주였다.

스바의 여왕이 솔로몬의 지혜와 리더십을 확인하고 이런 말을 남기기도 했다. "당신과 당신의 지혜에 대한 소문은 내가 이미 우리나라에서 듣고 있었습니다만 과연 사실이군요. 이렇게 와서 내 눈으로 직접 보기 전까지는 그 이야기가 하나도 믿어지지 않았습니다. 그러나 내가 들은 이야기는 이제 보니 사실의 절반도 못 되는 것이었습니다. 당신의 지혜와 번영은 내가 듣던 소문보다 훨씬 더 뛰어나십니다. 당신을 모시는 부인들이야말로 행복한 여인들입니다. 언제나 당신 앞에 서서 당신의 지혜로운 말씀을 듣는 신하들이야말로 행복한 사람들입니다." 그녀가 솔로몬을 찾은 것은 그만큼 솔로몬의 통치가 온 세상에 널리 알려질 정도로 탁월함을 보였기 때문인 것으로 분석된다.

우리가 지금 시점에서 솔로몬의 리더십을 이해하기란 쉽지 않은 일이지만 고대 왕국의 군주들이 자신을 신성시하고 우상화한 데 비해 그는 오히려 백성을 존중하고 부를 키워 그들을 보살핀 점을 확실히 알 수 있다. 그가 보여준 배려와 사랑은 결국 솔로몬을 중근동 최고의 통치자로 이름을 날리게 했다. 스바 여왕이 들은 소문은 결국 그가 사랑한 백성들의 입에서 입으로 전해진 결과였다는 점도 확인 가능하다. 리더의 덕목에 대해 많은 이야기, 다양한 학설이 난무하지만 전통적인 배려와 사랑이라는 덕목만큼 사람의 마음을 이끌어내는 것은 없는 것이다.

선은 지구촌 전체에 이익이다

솔로몬은 자신의 부를 혼자서만 누리지는 않았다. 오히려 부를 나누고 이웃국가와도 사이좋게 지내면서 이스라엘을 강국으로 성장시켰다. 아버지 다윗 왕은 정복 전쟁으로 피를 많이 흘렸다. 오죽하면 유대인의 하나님을 위한 성전을 세우려 할 때 하나님이 그를 말리며 당대에 피를 많이 흘린 것을 지적하고 아들 솔로몬이 성전을 짓도록 준비해주라는 신탁을 내릴 정도였다. 이에 비하면 솔로몬은 무력으로 이웃나라를 정벌한 것이 아니라 무역으로 적을 제압했고 친구를 만들었으며 가진 것을 함께 나누고 베풀면서 부를 챙겼다.

현대 자본 사회에서는 함께 나누기보다 내 것을 먼저 챙기는 것이 선이라고 할 수 있다. 이 때문에 극도의 이기주의와 배금주의가 만연하게 되었다. 그러다보니 이에 대한 반발로 21세기에 들어서서 경제라는 관점을 어떻게 보아야 하는가에 대한 논의가 사뭇 활발하다. 최대생산, 최다이익, 다수결, 공동의 선 등을 외치면서 달려오다보니 마이너리티에 대한 소외가 극도로 심해지고 계층 간 편차가 너무나 심각해졌다. 우리나라도 중산층은 대거 몰락하고 상층부와 서민 간의 격차가 더욱 커지고 있다. 오로지 돈만 위하여 앞만 보고 달리는 세대에서 도덕과 윤리는 실종되고 말았다. 경제학은 도덕을 어떻게 밀어내버렸는가?

체코의 젊은 경제학자 토마스 세들라체크 이야기는 그래서 들어볼 필요가 있다. 그는 경제위기를 기회로 삼아 그동안 경제학이 외면했던 인간 윤리문제와 가치를 되살려야 한다고 강조한다. 그는 저서 《선악의 경제학》에서 "선은 이익이 되는가?"라고 묻는다. 그의 이야기는 이렇게 정리된다.

유대인들, 세상에서 가장 돈을 잘 헤아리고 재테크에 강한 민족인 그들은 선을 투자의 개념으로 이해했다. 축복받기 위해 선을 행하는 것이다. 구약성경 욥기는 이것을 부정하고 있다. 고통의 인물 욥은 의로운 인물이었다. 그는 과연 하나님이 방관하고 사탄이 가한 형벌과 고통 속에서도 보상을 바라지 않고 견뎌냈다. 그리고 결론을 내렸다. "욥이 도덕적 삶을 산 이유는 이득을 위해서가 아니었다. 그는 죽음으로밖에 보답받지 못한다 할지라도 의를 지켰다. 그러면 왜 선을 행하는가? 그 유일한 대답은 '선 그 자체를 위해서'가 될 것이다."*

토마스는 선 자체를 위해 선을 베푸는 사회가 되어야 한다고 주장하는 것이다. 이 각박한 세태에 이 논리가 얼마나 통할지 모르나 적어도 필자에게는 신선한 충격이었다. 솔로몬도 3,000년 전에 이 젊은 학자와 같은 이야기를 던진다.

네 손이 선을 베풀 힘이 있거든 마땅히 받을 자에게 베풀기를 아끼지 말며
네게 있거든 이웃에게 이르기를 갔다가 다시 오라 내일 주겠노라 하지 말며
네 이웃이 네 곁에서 평안히 살거든 그를 해하려고 꾀하지 말며

* 토마스 세들라체크, 노은하·김찬별 역,《선악의 경제학》, 북하이브, 2012.

사람이 네게 악을 행하지 아니하였거든 까닭 없이 더불어 다투지
말며
포학한 자를 부러워하지 말며 그의 어떤 행위도 따르지 말라

할 수 있으면 도우라는 것이고 도울 힘 있는데 돕지 않는 것은 악
이라는 것이다. 하나님이 아신다는 단 하나의 명제 외에 솔로몬은
더는 자신의 이득을 위한 선을 말하지 않는다. 그런데도 그는 중근
동 최고의 부를 창출해낼 수 있었다. 그가 선한 무역, 공정한 무역을
끝까지 해냈는지는 알 길이 없다. 그러나 적어도 그는 없는 자를 갈
취하거나 가난한 나라를 등치지는 않았다. 그것이 그를 더욱 돋보이
게 했고, 나아가 상대국의 신뢰를 얻을 수 있는 유용한 무기가 되었
다. 지금도 인간관계에서 신뢰만큼 강한 무기는 없지 않은가?
19세기 영국의 비평가이자 사회사상가이며 동화작가이던 존 러
스킨의 생각은 솔로몬의 생각이 현대에도 그대로 실현되어야 함을
역설한다. 그의 주장은《나중에 온 이 사람에게도》에 명확하고 간결
하게 실려 있다.

어떤 포도원 주인이 포도원에서 일할 일꾼을 얻으려고 이른 아침
에 나갔습니다. 그는 일꾼들과 하루 품삯을 돈 한 데나리온*으로

2장 | 솔로몬이 성공을 말하다   67

정하고 그들을 포도원으로 보냈습니다. 아홉 시쯤에 다시 나가서 장터에 할 일 없이 서 있는 사람들을 보고 '당신들도 내 포도원에 가서 일하시오. 그러면 일한 만큼 품삯을 주겠소' 하고 말하니 그들도 일하러 갔습니다. 주인은 열두 시와 오후 세 시쯤에도 나가서 그와 같이 하였습니다.

오후 다섯 시쯤에 다시 나가보니 할 일 없이 서 있는 사람들이 또 있어서 '왜 당신들은 하루 종일 이렇게 빈둥거리며 서 있기만 하오?' 하고 물었습니다. 그들은 '아무도 우리에게 일을 시키지 않아서 이러고 있습니다' 하고 대답하였습니다. 그래서 주인은 '당신들도 내 포도원으로 가서 일하시오' 하고 말하였습니다.

날이 저물자 포도원 주인은 자기 관리인에게 '일꾼들을 불러 맨 나중에 온 사람들부터 시작하여 맨 먼저 온 사람들에게까지 차례로 품삯을 치르시오' 하고 일렀습니다. 오후 다섯 시쯤부터 일한 일꾼들이 와서 한 데나리온씩을 받았습니다. 그런데 맨 처음부터 일한 사람들은 품삯을 더 많이 받으려니 했지만 그들도 한 데나리온밖에 받지 못하였습니다.

그들은 돈을 받아들고 주인에게 투덜거리며 '막판에 와서 한 시간밖에 일하지 않은 저 사람들을 온종일 뙤약볕 밑에서 수고한 우리

---

* 신약 시대에 사용되었던 은화를 말한다. 보통 당시 노동자들의 하루 품삯이 1데나리온이었다.

들과 똑같이 대우하십니까?' 하고 따졌습니다.

그러자 주인은 그들 가운데 한 사람을 보고 '내가 당신에게 잘못한 것이 무엇이오? 당신은 나와 품삯을 한 데나리온으로 정하지 않았소? 당신의 품삯이나 가지고 가시오. 나는 이 마지막 사람에게도 당신에게 준만큼의 삯을 주기로 한 것이오. 내 것을 내 마음대로 처리하는 것이 잘못이란 말이오? 내 후한 처사가 비위에 거슬린단 말이오?' 하고 말하였습니다.

성경 마태복음에 나오는 구절에서 존 러스킨은 경제의 '선'을 말한다. 당시 한 데나리온은 근로자 하루 일당이었다. 존 러스킨은 포도원 주인이 각각 노동자와 맺은 계약 자체가 공평하다고 보았다. 포도원 주인은 왜 똑같이 하루 품삯을 주었을까? 그것은 그 액수가 하루 사는 데 꼭 필요한 돈이었기 때문이었다. 러스킨은 이를 두고 공평한 포도원 주인의 행사라고 말한 것이다. 그는 나중에 온 사람도 최소한의 먹거리를 보장받는 사회가 되어야 함을 역설한 것이다.

존 러스킨이나 토마스 같은 이들보다 3,000년이나 앞선 솔로몬이 가슴으로 읽는 경제학을 말한 것은 정말 놀라운 일 아닌가?

4

풍요 속의 빈곤, 헤세르

충성된 자는 복이 많아도 속히 부하고자 하는 자는 형벌을 면하지 못하리라

사람의 낯을 보아 주는 것이 좋지 못하고 한 조각 떡으로 말미암아 사람이 범

법하는 것도 그러하니라

악한 눈이 있는 자는 재물을 얻기에만 급하고 빈궁이 자기에게로 임할 줄은

알지 못하느니라

_ 잠언 28:20-22

솔로몬은 세속적으로는 성공한 왕이었지만 성경적으로는 여러 가지 문제점을 노출하기도 했다. 그럼에도 그는 자신의 삶을 돌이켜보면서 돈이 세상의 전부는 아니라는 사실을 깨달았던 모양이다. 잠언 곳곳에 재물에 대한 그의 철학이 짙게 배어나온다.

앞의 잠언 28장 구절에서 눈여겨볼 단어는 '빈궁'이다. 이 빈궁이라는 말은, 히브리어로 '부족하다'는 히브리어 동사 '하세르'에서

파생되었다. 이는 수적으로 부족하고 가난하며 결핍된 상태를 뜻한다. 이 동사의 명사형인 '헤세르'는 '가난' '결핍'을 의미하는데(욥기 30:3; 잠언 28:22) 그냥 결핍이나 가난이 아니라 풍요로움 속 부족함이다. 없음이나 부재가 아니라 많은 게 있는데 부족하다는 말이다. 그러니 이는 없는 것만 못한 부족이요 결핍이다.

딱 이 시대를 상징하는 단어라고 할 만하다. 거리에는 없는 것이 없고 백화점마다 화려하고 사치스러운 상품이 넘치지만 현대인들은 가난하다못해 빈궁하다. 이것이 풍요 속 빈곤 '헤세르'다. 솔로몬이 많고 많은 단어를 두고도 '헤세르'라는 단어를 고른 것은 그만큼 그가 풍요속의 빈곤한 정신을 탄식하고 걱정했다는 반증일 수 있다.

| 너무 많은 부가 초래한 부작용

솔로몬은 가진 게 넘치는 사람이었다. 아버지 다윗 왕은 여호와 하나님으로부터 엄청난 축복을 받았으나 정복 전쟁을 하면서 피를 너무 많이 흘렸기 때문에 하나님을 위해 성전을 만들 수 없었다. 그래서 아들 솔로몬이 위대한 성전 건축의 책무를 맡게 되었다. 그 대신 아버지 다윗 왕은 아들을 위해 많은 유산을 물려주었다. 이때를 신학자들은 보통 기원전 970년 무렵이라고 보고 있어 지금으로부터 거의 3,000년 전의 사건임을 알 수가 있다. 그때 기록이 구약성경 역대기상에 자세히 실려 있다.

이제 내 아들아 여호와께서 너와 함께 계시기를 원하며 네가 형통
하여 여호와께서 네게 대하여 말씀하신 대로 네 하나님 여호와의
성전을 건축하며 여호와께서 네게 지혜와 총명을 주사 네게 이스
라엘을 다스리게 하시고 네 하나님 여호와의 율법을 지키게 하시
기를 더욱 원하노라 그 때에 네가 만일 여호와께서 모세를 통하여
이스라엘에게 명령하신 모든 규례와 법도를 삼가 행하면 형통하
리니 강하고 담대하여 두려워하지 말고 놀라지 말지어다
내가 환난 중에 여호와의 성전을 위하여 금 십만 달란트와 은 백
만 달란트와 놋과 철을 그 무게를 달 수 없을 만큼 심히 많이 준비
하였고 또 재목과 돌을 준비하였으나 너는 더할 것이며 또 장인이
네게 많이 있나니 곧 석수와 목수와 온갖 일에 익숙한 모든 사람
이니라
금과 은과 놋과 철이 무수하니 너는 일어나 일하라 여호와께서 너
와 함께 계실지로다 하니라 다윗이 또 이스라엘 모든 방백에게 명
령하여 그의 아들 솔로몬을 도우라

_ 역대기상 22:11-17

정복 전쟁과 반역자 정벌 등으로 많은 고통을 당했던 다윗은 아

72

들 솔로몬 왕은 행복한 인생을 살기를 원했을 것이다. 그리고 그에게 성전 건축이라는 위대한 사업을 맡긴다. 다윗은 솔로몬을 위해 많은 유산을 남겼다. 얼마나 많은 유산을 물려주었는지는 단순 계산으로도 금방 알 수가 있다.

다윗이 솔로몬에게 물려준 금 10만 달란트와 은 100만 달란트를 지금 단위로 계산해보면 금 3,400톤, 은 34,000톤이라는 어마어마한 양이 된다. 금값을 현재 시점으로 보면 150조 원이 넘을 것 같다. 이 정도면 2014년 우리나라 총예산의 절반 정도가 되는 큰 금액이다. 솔로몬의 은을 보자. 은값을 현재 시점으로 봤을 때, 34,000톤이라면 27조 2,000억 원이나 된다. 그러니 다윗은 아들 솔로몬 왕에게 대략 180조 원이라는 막대한 유산을 남긴 것이다. 여기에다 놋, 즉 구리와 철을 엄청나게 남겼고 목재에다 석재까지 준비해줬다. 심지어 목수, 석수 등과 같은 기능장인들까지 남겨줬다.

일찍이 솔로몬의 아버지인 다윗은 죽을 날이 다가오자 아들 솔로몬을 불러 유언을 남겼다.

내가 이제 세상 모든 사람이 가는 길로 가게 되었노니 너는 힘써 대장부가 되고
네 하나님 여호와의 명령을 지켜 그 길로 행하여 그 법률과 계명과 율례와 증거를 모세의 율법에 기록된 대로 지키라 그리하면 네

가 무엇을 하든지 어디로 가든지 형통할지라

_ 역대기상 2:2-3

그런데도 부를 너무 축적하다보니 뜻하지 않은 부작용도 겪었다. 우선 혼인정책으로 많은 부인을 거느렸기에 그들 출신국과 무역을 함으로써 막대한 부를 거머쥘 수 있었으나 반면 유일신 나라인 이스라엘에서 그들이 가진 여러 신앙을 허락하면서 불신앙에 따른 권위를 잃어버렸다.

물질만 봐도 그러하다. 솔로몬은 풍족한 사람이었다. 그런데도 그는 풍족함을 오히려 부담으로 여겼고 실제로 너무 많은 부로 인해 어려움을 겪기도 했다. 그것을 관리하는 관료와 백성들, 그들을 이끌 부족의 지도자들과 적지 않은 마찰도 겪었다.

우리나라에서 내로라하는 재벌그룹 총수들 삶을 생각해보라. 그들은 늘 쫓고 쫓기는 의무감과 강박감으로 시달리고 있다. 사람들은 돈이 많아서 행복하겠다고, 한 번만이라도 그것을 누려봤으면 좋겠다고 생각할지 모르겠다.

로또 복권 1등이 당첨된 사람이, 그간 가장 행복했던 날은 복권 추첨을 기다리며 일확천금을 누리는 꿈을 꿀 때라고 고백하는 이야기를 들은 적이 있다. 로또 복권 1등으로 당첨된 날부터 가족을 포함해 주변 아무도 믿지 못하게 되고 심지어 평생을 같이한 배우자

마저 의심하게 되더라고도 했다. 이 돈을 잃지 않기 위해 너무 많은 마음고생을 했다는 고백을 들으면서 솔로몬의 생각을 조금이나마 엿볼 수 있을 것 같다.

한때 그는 중근동 최고의 무역왕으로서, 그리고 정치적 지도자로서 이웃나라 백성들로부터도 존경과 두려움의 대상이 되었다. 그러한 위세와 풍요 속에서 정신과 영혼의 빈곤을 맛보고는 후일 심한 좌절과 후회의 고통을 겪었다. 모든 것이 헛되다고 다섯 번이나 고백하는 노래를 쓴 구약성경 전도서가 나온 이유가 여기에 있다. 모든 것을 누린 자로서 그는 정신과 영혼의 빈곤이야말로 진짜 빈곤이고 헤세르라 털어놓고 있는 것이다.

솔로몬의 건강한 부자교육

풍요 속 빈곤을 이야기하려면 우리들 자녀교육부터 다시 해야 마땅하다. 모두가 자녀를 부자로 만들고 싶어 한다. 하지만 이는 정말 어려운 일이다. 특히 어릴 적부터 부자를 만들고 싶어 하는 한국인들에게 부자교육은 모두가 원하는 일이면서도 모두가 실패하는 어려운 숙제다. 우리나라 사람들이 먹고 사는 문제를 해결한 것이 반만년 역사 동안 지금이 처음이라는 이야기를 종종 한다. 그만큼 풍요로워졌다. 하지만 풍요 속의 빈곤이다. 건강한 부자를 만들어야

한다며 부자학회를 만들어 다음 세대를 교육해 온 한동철 교수가
내게 들려준 이야기가 있다.

"부자교육은 사실 엄마 아빠가 먼저 받아야 해요. 초등학생이나
중학생인 자녀들은 일주일에 몇 천 원이나 많아야 몇 만 원이면 충
분하거든요. 그런데 내 아이를 남들과 다르게 키우겠다고 어린 자
녀에게 10만 원짜리 수표를 매주 주는 것은 자녀를 망칠 수 있어요.
풍요롭게 키우는 것 같지만 전혀 그렇지 못해요. 바람직한 부모라면
자신의 재산이 얼마가 되든지 간에 자녀가 필요로 하는 것보다 약
간 적은 금액을 주도록 해야 합니다."

그의 이야기를 들어보면 유럽의 전통적인 부자들은 공통적으로
자녀들에게 빠듯하게 용돈을 준다고 한다. 아무리 부자라도 소액의
용돈을 사랑하는 자녀에게 주는 것이다. 기업을 운영하는 유럽의 부
자들은 자신의 자녀가 대여섯 살쯤 되면 부하 직원에게 물어본다고
한다. "자네는 어린 자녀에게 얼마의 용돈을 주는가?" 그리고 그들
이 하는 이야기를 듣고 보통 살림의 직원이 준다는 것보다 더 적게
자신의 자녀에게 용돈을 준다. 어린 자녀들은 그것이 정당한 것으로
알고 그냥 살아간다는 것이다.

많은 부모들이 용돈을 자녀가 요구하는 것보다 두세 배 많이 주
는 경우가 있다. 하지만 그 경우 자녀가 어릴 적에 다른 길, 그러니
까 좋지 않은 길로 빠지는 경우가 많다는 것이다. 한동철 교수의 한

마디는 정말 가슴에 와 닿는다. "재산은 바람보다 훨씬 더 강한 휘발성이 있어서, 낭비를 시작하면 바로 끝이다. 다 날아가기 때문이다."

3,000년 전의 현자 솔로몬은 결코 재산을 모으는 것 자체를 부정하지는 않았다. 다만 지혜롭고 현명하게 쓰기를 원했다. 그래서 늘 재물보다 명예와 지혜를 갖도록 권했다.

> 많은 재물보다 명예를 택할 것이요 은이나 금보다 은총을 택할 것이니라
>
> _ 잠언 22:1

또한 부자가 되기 위해 갖추어야 할 덕목과 부지런함도 가르쳐야 한다. 솔로몬은 "너는 잠자기를 좋아하지 말라. 네가 빈궁하게 될까 두려우니라"라고 게으름과 나태를 경계했다. 열심히 일해서 부자가 되는 것을 경계한 것이 아니라 부를 모아서 그것을 제대로 사용하지 않음으로써 부자가 욕먹는 것을 경계한 것이다.

솔로몬은 특히 "손을 게으르게 놀리는 자는 가난하게 되고 손이 부지런한 자는 부하게 되느니라(잠언 10:4)"라면서 '할 수 있는 데도 아무 것도 하지 않는 게으름'을 철저하게 비판했다.

솔로몬은 근면한 생활을 권면하면서 히브리어 특유의 비유를 선

보였다. 우리 말 성경은 다 같은 손이라고 번역되었지만 히브리어 원문상으로는 앞부분의 '손'과 뒷부분의 '손'이 구분된다. 즉 앞의 '손'은 '열려 있는 느슨한 손'이니 게으른 자의 표상이다. '손바닥'을 가리키는 말로도 쓰였는데 이 역시 아무 일도 하지 않으려는 나태한 모습을 가리킨다. 반면 뒤의 '손'은 정력적인 활동을 위해 준비된 손, 긴장하면서 무엇인가 하려고 준비된 손이다. 이 손은 게으름이 아니라 근면함의 상징으로 쓰인 것이다. 그런데 부자가 되기 위해 그토록 애쓰다가 막상 부자가 되면 달라지는 것이 인생사다.

잠언 22장에 나온 구절이다. "선한 눈을 가진 자는 복을 받으리니 이는 양식을 가난한 자에게 줌이니라(잠언 22:9)." 그렇다면 솔로몬은 왜 이 이야기를 꺼냈을까? 아껴서 부자가 된 자는 나누어주거나 소비하는 행위 자체가 서툰 것이 당연하기 때문이다. 평생 아끼고 모아왔기 때문에 나누는 데는 너무 서툴고 어색한 것이다. 나누는 것도 훈련이 필요하다. 어릴 때부터 잘 나누면 어른이 되어서도 절대 인색해지지 않을 것이다. 우리나라 부자들이 빌 게이츠처럼 잘 나누어주는 사람이었다면, 사람들이 그토록 부자들을 미워하지는 않았을 게다. 우리나라의 어린이들은 부자를 대체로 나쁜 사람이라고 보는 경향이 있다는 것이 연구자들의 보고다.

솔로몬은 그 자신이 풍요로운 환경에서 출발했지만 자신이 겪어본 바로 재물이 사람을 부자로 만드는 것이 아니라 선한 지혜가 사람을 풍요롭게 한다는 것을 알게 되었다. 그래서 그는 잠언에서 명쾌하게 돈보다 정신, 금은보다 영혼을 이야기한 것이다.

5

평생에 주의할 두 가지, 술과 파트너

르무엘 왕이 말씀한 바 곧 그의 어머니가 그를 훈계한 잠언이라

내 아들아 내가 무엇을 말하랴 내 태에서 난 아들아 내가 무엇을 말하랴 서원

대로 얻은 아들아 내가 무엇을 말하랴

네 힘을 여자들에게 쓰지 말며 왕들을 멸망시키는 일을 행하지 말지어다

르무엘아 포도주를 마시는 것이 왕들에게 마땅하지 아니하고 왕들에게 마땅

하지 아니하며 독주를 찾는 것이 주권자들에게 마땅하지 않도다

술을 마시다가 법을 잊어버리고 모든 곤고한 자들의 송사를 굽게 할까 두려우

니라

_ 잠언 31:1-5

잠언 31장은 르무엘 왕이 잠언을 듣는 대상이 되어 나온다. 물론
어머니의 교훈을 듣고 그가 되풀이해서 언급한 형식이다. 교훈을 주
는 이는 어머니라는 것에 주목하자. 잠언 전체를 통틀어 어머니의

충고는 유일무이하게 나타난 장이다. 르무엘 왕은 누구일까? 이스라엘 역대 왕 가운데 르무엘이라 이름 불린 자는 한 명도 없었다. 그래서 르무엘이라는 왕이 누군지에 대해서 많은 신학자들이 다양한 의견을 내놓았다.

그중에 솔로몬의 별명이었다는 견해도 있다. 이를 반대하는 의견도 많지만 르무엘이라는 단어의 뜻이 '하나님에게 바쳐진'이라고 하니 곧 '하나님께 헌신한 자'라는 뜻이겠다. 또한, 당연히 경건하고 지혜로운 왕일 것이니 여러 가지를 고려했을 때 르무엘이 솔로몬이라는 견해가 많은 이들의 지지를 받고 있다.

건강한 결혼이 필요한 이유

르무엘 즉 솔로몬의 어머니는 밧세바, 혹은 밧수아라 불리는 여인이었다. 밧세바는 간통죄를 저지르면 돌에 맞아죽는다는 율법 시대에 간통했음에도 죽음을 맞지 않았고 성경의 족보를 더럽히고도 다윗 왕의 총애를 받았으며 솔로몬이라는 이스라엘 3대왕을 낳은 여인이었다.

솔로몬은 자신의 출생에 관한 이야기를 어머니로부터 그리고 주변으로부터 분명히 들었을 것이다. 여호와 하나님이 가장 사랑하신 아버지 다윗, 믿음이 깊어 신앙을 위해 목숨을 던진 아버지의 혼외

정사와 그에 따른 출생 비화를 들었다면 그에겐 큰 충격이었을 것이다. 유부녀인 한 여인을 얻기 위해 다윗 왕이 행한 파렴치한 짓으로 그는 하나님의 선지자 나단에게 크게 혼이 나고 온 나라가 휘청거릴 정도로 큰 위기를 맞았다. 밧세바가 낳은 아이도 죽고 말았다.

이후 크게 회개한 다윗이 밧세바를 정식으로 맞아들여 그 가운데 막내아들로 솔로몬을 얻은 것이다. 솔로몬은 이 혼외정사 이야기를 통해 한 위대한 남자(아버지 다윗 왕)의 타락을 알게 되었고 그 결과를 가감 없이 후손들에게 들려주려 했다. 잠언 31장은 결국 어머니 입을 통해 자신의 잘못된 출발을 고발하고 있는지도 모를 일이다.

오늘날도 여인을 잘못 만나 망가지고 망신당하는 유명인사들 이야기를 자주 듣고 보게 된다. 장관과 차관을 지낸 이들, 부자들, 고위관료들 이야기는 잊힐 만하면 등장하는 옐로페이퍼 기삿거리다. 잠시 순간의 쾌락에 눈을 돌린 대가치곤 너무 처참하다.

네 마음이 음녀의 길로 치우치지 말며 그 길에 미혹되지 말지어다
대저 그가 많은 사람을 상하여 엎드러지게 하였나니 그에게 죽은
자가 허다하니라
그의 집은 스올의 길이라 사망의 방으로 내려가느니라
_ 잠언 7:25-27

뒤집어 남자 문제도 마찬가지다. 근면하고 성실한 남자를 만나지 못하면 평생 고생길이다. 필자는 직업상 많은 여성 제자들과 상담할 기회가 있다. 그들 중 상당수는 남편을 잘못 만나 소위 팔자가 드세지는 경우를 보았다.

한 여인은 남편의 노름빚을 내느라 죽을 지경이다. 잘 생기고 말도 잘하는 남자라 결혼했더니 노름에 빠져 집에 있는 것 다 내다팔았다고 했다. 필자의 지인 중에는 한 주 만에 집 한 채를 노름빚으로 날리는 이도 있었다. 그런데도 헤어지지 못하고 사는 여인들을 보며 정이라는 것이 참 무섭다는 생각이 들었다. 한편으로 남자를 그렇게 분별하지 못하니 자녀들의 미래가 걱정된다는 충고까지 해주는 경우도 허다하다. 건강한 육체와 근면한 정신을 가진 남성을 만나는 것은 너무도 중요한 일이다.

술은 부자를 망하게 하는 지름길

르무엘은 어머니가 남겨준 교훈을 통해 잠언 31장에서 다시금 '술 취함'에 대한 경계를 던져주고 있다.

술을 즐겨 하는 자들과 고기를 탐하는 자들과도 더불어 사귀지 말라
술 취하고 음식을 탐하는 자는 가난하여질 것이요 잠자기를 즐겨

하는 자는 해어진 옷을 입을 것임이니라

_ 잠언 23:20-21

알코올 중독이 고대 중근동뿐 아니라 현대에 와서도 얼마나 많은 해악을 끼치고 있는지를 생각해보게 하는 잠언이다. 고대 중근동에서는 부자와 귀족들이 특히 '술 취함'이 심했다. 구약성경에 등장하는 이사야 선지자는 솔로몬 사후 수백 년 이후에 등장한 인물인데 그가 기록하기를 하나님의 성전을 관리하는 제사장과 선지자들이 독주로 인하여 갈지자로 걷고 비틀거렸으며 그들의 마음이 혼미하였다고 했다. 이사야는 계속해서 그들이 아침 일찍부터 밤이 깊을 때까지 마셨으며, 분별력을 빼앗기고 자신들의 직무를 소홀히 하게 되었다고 썼다.

솔로몬은 '술 취함'에 대해 엄격하게 충고하기를 술이 가난의 원인이 되고 부자를 망하게 하는 지름길이라고 내다보았다. 이것은 현대에서도 마찬가지일 것이다. 술은 무서운 적이다. 적절하게 관리하지 못하면 술이 비수가 되어 돌아오는 법이다.

성경에선 술의 해악에 대해 적나라하게 꼬집고 있다. 노아의 방주와 홍수 사건은 성경에선 대단히 중요한 전환기가 된다. 노아를 포함한 단 여덟 명의 식솔들만 세상에 살아남게 되었을 때 노아는 포도원을 하며 생계를 꾸려나갔다. 어느 날 노아는 포도주에 취해

벌거벗고 잤는데, 아들 하나가 그의 모습을 보며 희롱하다가 저주를 받았다. 가나안의 아비 함의 가문 전체가 어려운 삶을 살게 된 시초를 노아가 만들고 말았다. 이 이야기가 창세기에 있다.

창세기에는 모든 일의 시초가 어디서부터 시작되었는지, 욕심의 시작, 죄악의 시작, 살인의 시작, 악기의 시작, 농사의 시작 등 다양한 시작이 소개되는데 술 취함의 시작이 의롭다고 칭함을 받은 노아로부터 시작된 점에 주목할 필요가 있다. 아브라함의 조카 롯도 그런 경우다. 그로 인해 근친상간이 시작되었다. 딸과 벌인 추태, 그것이 술 취함의 결과였다.

술은 판단력을 흐리게 하는 주범이다. 많은 음모와 추태와 더러운 협잡들이 술 취함에서 시작되었다. 법을 다루는 자들이, 술이 오가는 자리에서 뒷돈을 받고 재판을 유리하게 혹은 불리하게 만들어 내는가 하면 소외되고 고통받는 자들을 돕기는커녕 부자들의 편을 들어 약자를 더욱 괴롭게 하기도 했다. 솔로몬은 그래서 "술을 마시다가 법을 잊어버리고 모든 곤고한 자들의 송사를 굽게 할까 두려우니라(잠언 31:5)"라고 경계했다.

솔로몬은 적어도 이 문제만큼은 깨끗했다. 솔로몬이 성전 건축의 꿈을 품고 하나님께 제사한 후 밤에 잠을 자다가 꿈속에서 하나님을 만났다. 여호와 하나님은 그에게 무엇을 주기를 원하느냐고 물었다. 그때 솔로몬은 이렇게 대답했다.

그들은 큰 백성이라 수효가 많아서 셀 수도 없고 기록할 수도 없

사오니 누가 주의 이 많은 백성을 재판할 수 있사오리이까

듣는 마음을 종에게 주사 주의 백성을 재판하여 선악을 분별하게

하옵소서

_ 열왕기상 3:8-9

하나님은 그를 좋게 보시고 이렇게 말씀하셨다.

이에 하나님이 그에게 이르시되 네가 이것을 구하도다 자기를 위

하여 장수하기를 구하지 아니하며 부도 구하지 아니하며 자기 원

수의 생명을 멸하기도 구하지 아니하고 오직 송사를 듣고 분별하

는 지혜를 구하였으니

내가 네 말대로 하여 네게 지혜롭고 총명한 마음을 주노니 네 앞

에도 너와 같은 자가 없었거니와 네 뒤에도 너와 같은 자가 일어

남이 없으리라

내가 또 네가 구하지 아니한 부귀와 영광도 네게 주노니 네 평생

에 왕들 중에 너와 같은 자가 없을 것이라

_ 열왕기상 3:11-13

그는 자신이 믿는 하나님께 돈이나 장수 등과 같은 세속적인 무

엇을 구하지 않았다. 솔로몬의 장점은 하나님을 마치 '알라딘의 요술램프'에 나오는 요정 취급을 하지 않았다는 점이다.

솔로몬은 흠이 없는 완벽한 인물이 아니었다. 사고도 치고 우상 숭배도 하고 돈 불리고 부자 되려고 기를 썼던 군주다. 하지만 적어도 그는 하나님을 존경하고 두려워했다. 게다가 스스로는 뇌물을 즐기지도 않았고 부패하지도 않았다. 특히 젊은 시절 솔로몬은 재판에서 정확하게 판단하고 지혜롭고 슬기롭게 판결하기를 원했을 정도로 거인의 풍모를 지니고 있었다. 그리하여 중근동 군주들 가운데서 가장 지혜로운 군주가 되었고 부와 명예까지 덤으로 하나님께 얻을 수 있었다.

처음에는 사람이 술을 마시지만 도중에는 술이 술을 마시고 나중에는 술이 사람을 마시게 되는 비참한 결말을 맞을 수도 있다. 솔로몬의 잠언은 그런 비극적 결말을 맞지 않도록 우리에게 충고해주고 있다.

3장

솔로몬이 지혜를 말하다

1

'사람'의 길, '신'의 길

> 사람이 마음으로 자기의 길을 계획할지라도 그의 걸음을 인도하시는 이는 여호와시니라
>
> _ 잠언 16:9

살다보면 마음대로 안 되는 때가 꼭 있다. 솔로몬도 예외일 수는 없다. 수많은 정략결혼 즉 혼인동맹으로 여러 나라와 무역을 통해 자본을 축적하고 외교적으로 큰 힘을 갖추었다. 그는 가지지 않은 것이 없고 하지 못할 일이 없었다고 할 정도로 절대적인 권력과 부를 자랑했다. 그는 갖은 계략과 아이디어를 짜 중근동 여러 나라로부터 조공을 받았고 세계에서 가장 아름다운 성전을 지었는가 하면 예루살렘 성을 완벽하리만큼 건축하는 데 성공했다. 물론 국방력 확대, 무역 강국의 꿈, 영토 확장, 성전 건축과 예루살렘 성 건축 등에서 거의 모든 성공을 거둔 군주였으나 이루지 못한 일도 분명히 남

아 있었다.

사람 뜻대로 되지 않는 세상일

그는 적어도 두 가지 일에서 자신의 계획을 달성하지 못했다. 한 가지는 아내와 자녀 문제였다. 1,000명이나 되는 부인과 후궁, 첩 모두를 그들 입맛에 맞게 만족시켜줄 수는 없는 노릇이었다. 고려 태조 왕건이 29명의 부인을 두었다가 훗날 왕실의 골육상쟁이 끊이지 않은 것을 생각하면 솔로몬 시대 역시 크게 다르지 않았을 것이라 추측케 하고도 남는다.

첫 번째 왕비는 이집트에서 온 공주였는데 아들이 있었는지 알 길이 없다. 정실부인 700명과 첩이 300명이나 되었으니 자녀가 얼마나 많았을까만 성경은 한 명의 이름만 기록에 남겼다. 바로 르호보암이었다. 솔로몬은 르호보암을 썩 믿지는 않았던 모양이었다.

외경전과 전승에 따르면 솔로몬은 아프리카에서 온 스바 여왕과 한 달간 꿈같은 사랑을 나누었는데 아들을 낳을 것을 예감한 스바 여왕이 정표를 달라고 요구하자 거울을 조각내 약속의 징표로 주었다고 한다. 훗날 스바 여왕이 아들을 낳았는데 이 아들이 아버지 솔로몬을 찾아와 깨진 거울 조각을 내밀었고 그는 이 아들을 장래에 후사로 삼아 다음 보위를 잇기로 했다고 한다. 그러나 자신이 낳은 아들 르호보암이 질투와 모함으로 이를 방해해 아프리카에서 온 아들이 아버지 나라에 남지 못하고 어머니 땅으로 돌아갔다고 한다. 솔로몬으로서는 왕좌에 자기가 세우고 싶은 아들을 못 세운 것이 평생 한이 되었을지도 모를 일이다.

이 일을 내다보았던 것일까? 솔로몬은 세상이 자기 뜻대로만 되는 것은 아니라는 것을 알아차리고 이를 성경 잠언에 기록한 것이 앞의 글이다. 그는 여자, 돈, 권력 등 가질 수 있는 것은 모두 가졌다. 그러나 잃어버린 것 또한 많았다. 그는 노인이 된 다음에 기록했다고 전해지는 전도서를 통해 이 심경을 우리들에게 전해주고 있다.

네 헛된 평생의 모든 날 곧 하나님이 해 아래에서 네게 주신 모든 헛된 날에 네가 사랑하는 아내와 함께 즐겁게 살지어다 그것이 네가 평생에 해 아래에서 수고하고 얻은 네 몫이니라

_ 전도서 9:9

내가 다시 해 아래에서 보니 빠른 경주자들이라고 선착하는 것이 아니며 용사들이라고 전쟁에 승리하는 것이 아니며 지혜자들이라고 음식물을 얻는 것도 아니며 명철자들이라고 재물을 얻는 것도 아니며 지식인들이라고 은총을 입는 것이 아니니 이는 시기와 기회는 그들 모두에게 임함이니라

분명히 사람은 자기의 시기도 알지 못하나니 물고기들이 재난의
그물에 걸리고 새들이 올무에 걸림 같이 인생들도 재앙의 날이 그
들에게 홀연히 임하면 거기에 걸리느니라

_ 전도서 9:11-12

솔로몬은 후대 사람들에게 자신의 글이 읽혀지기를 간절히 원했
다. 원한다고 다 얻는 것도 아니고 행복과 불행은 자신도 모르게 찾
아온다는 세상의 이치와 법칙을 후대 자자손손들이 기억해주기를
바랐다.

교만은 멸망의 선봉

두 번째 솔로몬이 아쉬워하고 슬퍼했던 점은 바로 통일 이스라엘
의 번영이 실패로 돌아간 점이었다. 통일 이스라엘의 첫 번째 왕은
사울로 40년간 나라를 다스렸고 그가 전쟁터에서 죽자 다윗이 왕위
에 올라 다시 40년간을 다스렸다. 다윗으로는 자신이 많은 피를 묻
혀 가며 정복 전쟁을 일으킨 데 대해 후회도 있었을 터이고 그만큼
이스라엘 백성과 군사들이 피를 많이 흘렸다고 여겼기에 아들 솔로
몬이 통일 이스라엘의 평화와 번영을 오랫동안 이어가길 바랐을 것
이다. 어느 아비가 자신의 영광과 번영을 자식이 이어주지 않기를

바랄 것인가?

그러나 솔로몬은 당대에 모든 성공을 거두고도 자식 대에 이르러 나라가 둘로 쪼개져 조상들 낯을 볼 수가 없을 정도가 되었다. 더구나 아들 르호보암은 솔로몬이 등극하던 해에 태어나 이후 40년간이나 아버지의 국정 철학을 깊이 들여다보았을 것인데도 전혀 아버지의 영향을 받지 않고 자신이 하고 싶은 대로 해버리는 '독불장군' 방식으로 왕국을 통치했다. 솔로몬은 자녀교육에서만은 철저한 실패를 맛보았는데, 살아생전에 이미 자신의 실패를 느끼고 있었던 것으로 보인다.

> 사람의 마음의 교만은 멸망의 선봉이요 겸손은 존귀의 길잡이니라
>
> _ 잠언 18:12

르호보암이 왕위에 올라섰을 때 모든 부족장들은 그를 존귀하게 여겨 그를 존중했다. 그러나 솔로몬 때부터 과중한 건축 사업에 많은 것을 참아온 부족장들이 세금과 노역의 경감을 더 요구하고 권면했을 때 그는 '전갈'로 징벌하고야 말겠다며 권위를 앞세운 통치로 부족의 분노를 불러왔다. 왕이라고 교만하다가 여로보암이 주도하는 혁명이 일어났고 자신은 남쪽으로 쫓겨 겨우 명맥만 유지하게 되었던 것이다. 교만은 언제나 패망의 선봉이다.

채근담에서도 "자랑과 교만은 모두가 객기다. 자랑과 오만은 객기 아닌 것이 없으니, 이 객기를 항복시켜 물리친 뒤라야 정기正氣가 피어날 것이다. 정욕이나 분별도 모두 다 망심妄心에 속하니, 이 망심을 다스려야 한다"고 했다.

성공을 원하는 사람은 분명히 꿈을 키우고 계획을 짜며 운명을 개척한다. 그러나 사실 그 길의 미래는 아무도 모른다. 그저 우리는 교만하지도 말고 자만하지도 말며 겸손하게 살아가야 한다.

2
지혜, 영혼의 존재를 아는 것

> 다윗의 아들 이스라엘 왕 솔로몬의 잠언이라
>
> 이는 지혜와 훈계를 알게 하며 명철의 말씀을 깨닫게 하며
>
> 지혜롭게, 공의롭게, 정의롭게, 정직하게 행할 일에 대하여 훈계를 받게 하며
>
> 어리석은 자를 슬기롭게 하며 젊은 자에게 지식과 근신함을 주기 위한 것이니
>
> 지혜 있는 자는 듣고 학식이 더할 것이요 명철한 자는 지략을 얻을 것이라
>
> 잠언과 비유와 지혜 있는 자의 말과 그 오묘한 말을 깨달으리라
>
> _ 잠언 1:1-6

흔히들 솔로몬의 지혜의 왕이라고 불린다. 과연 지혜란 무엇일까?

인생이란 순풍이 불 때도 있고 폭풍이 몰려올 때도 있다. 그 몰려오는 인생의 바람 자체를 막을 수는 없지만 어떻게 대처하는가에 따라 '좀더 슬기롭게 극복할 수 있을 것인가' 아니면 '힘들게 끙끙거

리며 원망하며 버티고 갈 것인가'가 결정됨을 잊지 말자.

채근담 이야기를 다시 해보자. 500년 전 중국의 사상가 홍응명이
지은 책으로 다음과 같은 내용이 있다.

예사롭지 않은 곤궁함은 호걸을 단련시키는 도가니와 쇠망치다.
단련을 능히 감당하는 자는 몸과 마음에 이롭고 단련을 감당하지
못하는 자는 몸과 마음이 상하고 말 것이다.

하늘은 사람에게 복을 내릴 때 반드시 조그만 화를 주어 경계하게
한다. 그러므로 화가 온다고 슬퍼할 것이 아니라 화를 살펴 자신
의 마음을 구할 필요가 있다.

이와 유사한 내용이 잠언에도 있다.

도가니는 은을, 풀무는 금을 연단하거니와 여호와는 마음을 연단
하시느니라

_ 잠언 17:3

두 가르침이 너무도 비슷하다. 인생에서 가장 지혜로운 사람은
자신에게 닥쳐오는 고통조차도 슬기롭게 받아들이고 이를 적극적

으로 헤쳐갈 수 있다는 것이다. 그러면 다시 지혜가 무엇인가로 돌아가게 된다. 여기에서는 지혜가 무엇인가를 규명하기에 앞서 무엇에 필요한 지혜인가를 살필까 한다.

결론부터 이야기하자면 나는 영혼을 위한 지혜라고 말하고 싶다. 솔로몬이 잠언 도처에서 부르짖었던 모든 지혜는 사실 영혼의 존재와 맞닿아 있다고 할 수 있기 때문이다. 많은 위대한 선각자들이 영혼의 중요성을 부르짖었다. 성 아우구스티누스나 종교개혁자 마르틴 루터, 장 칼뱅을 거쳐 한국의 성자 한경직 목사에 이르기까지 이분들은 하나같이 영혼의 중요성을 강조했던 분들이었다.

19세기 초, 존 C. 라일은 영국 윈체스터 성 토마스 교구와 서픽 주의 사제로 오랫동안 일했고 성결한 삶을 살아왔기에 오늘날도 그에 대한 교계 안팎의 칭송이 자자한 인물이다. 그는 유대인들이 얼마나 지혜의 전수를 위해 애썼는지를 설명한 인물로 인생에서 영혼을 지키고 사랑하는 것이 가장 중요한 지혜라고 보았다. "영혼을 가장 중요하게 생각하십시오. 이러한 일이 자녀들의 영혼에 어떠한 영향을 줄 것인지를 반드시 생각해보셔야 합니다."

이 말은 필자처럼 이미 '60고개'를 바라보고 있는 장년 아니 노년에 가까운 세대들에게 주는 교훈이기도 하고 이제 막 자녀를 낳아 기르는 청년 같은 젊은 부모들에게 주는 교훈일 수도 있다. 잠언 또한 영혼을 중히 여겨 '환난에서 보전하라'고 했다.

입과 혀를 지키는 자는 자기의 영혼을 환난에서 보전하느니라

_ 잠언 21:23

필자에게 영혼이라는 것이 보이냐고 묻는 이들이 가끔씩 있다. 보이지 않기 때문에 믿을 수 없다고 말하는 이들도 있다. 필자는 기꺼이 그들에게 나름의 설득력 있는 말을 한다. 또 천사를 한 번 보여주면 필자가 전하는 모든 것을 믿겠다는 이들도 있다. 그럼 필자는 이렇게 대꾸한다.

"당신은 보이는 것을 소중히 여기시는 분이군요. 혹시 주변에 보이지 않는 것도 많다는 것을 아십니까?"

"뭐가 그런 게 있습니까?"

그는 이미 필자의 단도직입적인 대화 방식에 속이 뒤틀려 있는 것처럼 보인다.

"얼마든지 있지요. 사랑, 믿음, 신뢰, 소망, 애증, 증오, 미움. 이런 것들은 눈에 보이지 않지만 분명히 존재하는 것 아닙니까?"

그러면 그가 다시 필자에게 묻는다.

"그건 인간관계죠. 인간관계에서 생기는 것을 영혼이라는 비가시적 추상적 존재와 연결하는 게 과연 타당하다고 봅니까?"

그렇게 나오는 이에게 필자는 다시 묻는다.

"그럼 인간관계 말고 다른 예를 들어 보일까요? 공기, 산소, 분자,

원자, 바람과 같은 것들은 붙잡지도 못하고 눈에 보이지도 않습니다. 그것이야말로 추상적인 존재 아닙니까? 그렇다고 없는 건 아니죠."

"그래서 뭘 어쩌라는 말입니까?"

이쯤되면 필자는 필자 나름의 기독교적 역사관과 철학관 신앙관을 펼쳐 놓기 시작한다. 그리고 죽음이란 존재를 거론하기 시작하며 삶의 핵심적인 과제를 꺼내든다. 영혼의 존재를 믿지 않겠다고 해도 할 말은 없다. 세계에서 고등종교라고 알려져 있는 그 어떤 종교도 영혼의 존재를 부정하지 않는다는 것을 기억하라. 유물론자들은 세상이 물질로만 이루어져 있다고 믿는 이들이다. 솔로몬은 이런 유물론자들에게 강력하게 권하고 있다.

나는 솔로몬이 분명히 우리들의 영혼에 대한 이야기를 전해주고자 했다고 믿는다. 사람의 영혼 문제를 이야기하자면 이것은 결국 죽음이라는 주제와 맞닥뜨릴 수밖에 없다. 우리는 어떻게 태어나서 어떻게 죽어가는가를 생각해보자는 것이다. 전도서의 한 부분을 보면 솔로몬은 이 문제를 얼마나 깊이 생각했는지를 알 수가 있다.

인생이 당하는 일을 짐승도 당하나니 그들이 당하는 일이 일반이라 다 동일한 호흡이 있어서 짐승이 죽음 같이 사람도 죽으니 사람이 짐승보다 뛰어남이 없음은 모든 것이 헛됨이로다

다 흙으로 말미암았으므로 다 흙으로 돌아가나니 다 한 곳으로 가

거니와 인생들의 혼은 위로 올라가고 짐승의 혼은 아래 곧 땅으로

내려가는 줄을 누가 알랴

_ 전도서 3:19-21

솔로몬은 확실하게 영혼 문제를 이야기하고 싶어 했다는 것을 다
시 한 번 상기시키고자 한다. 우리는 나면서부터 죽음으로 달려가는
신세라는 것을 인정해야 한다. 인정하고 싶지 않아도 우리가 죽음으
로 가는 열차에 동승하고 있다는 것은 누구나 아는 사실일 것이다.

필자의 이야기도 바로 이것이다. 이성, 양심, 지구촌 사회를 그나
마 건강하게 지키고 애쓰는 노력들이 바로 지혜라는 존재이고 그
지혜의 원천은 죽음이란 존재를 아는 데서 비롯된다는 것이다. 죽음
을 생각하게 되면 영혼을 생각하게 되고 보이지 않는 세상을 한 번
쯤은 떠올려보게 될 것이다. 기독교에선 죽음을 영혼의 영생이라고
믿고 있고 그것을 아는 것을 지혜라고 여겼다. 그리고 그 지혜가 바
로 예수 그리스도라고 믿는다. 하나님이 지혜의 원천이라는 것이다.

그래서 눈에 보이지는 않지만 영혼이 살아 있고, 살아 있는 영혼
이 올바르다면 이를 가진 사람은 가족은 물론 인류 사회를 풍요롭
게 가꾸는 이성과 양심을 하나님의 섭리 아래 작동하게 할 거라고
생각한다. 그렇지 않은 경우의 사람이라면, 즉 영혼이 죽거나 썩어

가거나 기절해 있는 사람이라면 가족이나 사회나 공동체에 전혀 도움이 되지 않는 행동들, 파괴적이고 충격적인 행동을 마구 해댄다고 생각한다.

3

영혼 없는 사람이 만드는 죄

> 사람의 행위가 자기 보기에는 모두 깨끗하여도 여호와는 심령을 감찰
> 하시느니라
>
> _ 잠언 16:2

겉으로 보기에 죄 없는 사람일 것 같아도 실제로는 죄 많은 이들이 정말 많다는 것을 느낄 때가 있다. 총리 인준이나 장관 인준을 위한 청문회를 할 때쯤이면 여지없이 청문회 대상자의 모든 것이 까발려진다. 개중에는 인격적으로 깨끗할 줄 알았던 이들이 여지없이 국민들 앞에 죄인임을 고백하는 웃지 못 할 장면들이 목격되곤 한다.

하물며 하나님이 살아계신다면 두말할 필요도 없을 것이다. 잠언 16장 2절에서 솔로몬은 우리들 영혼을 감찰하시는 분이 하나님이라고 밝히고 있다. 여기 '감찰하다'는 부분은 히브리어 원어로는 저울에 달아본다는 의미다. 미국 법원 앞에 가면 누구나 만나볼 수 있

는 정의의 여신 동상이 서 있다. '디케'라는 이름의 정의의 여신은 눈을 가리고 있고 한 손엔 저울 한 손엔 칼을 들고 있다. 눈을 가린 의미는 사심이 없음을 뜻하며 저울은 공정을 뜻하며 칼은 심판을 의미한다. 성경을 캐논이라고도 부르는데 캐논이라는 의미는 곧 저울, 즉 죄를 달아본다는 의미를 가지고 있다. 이러한 맥락에서 우리 양심상의 죄, 영혼의 죄까지도 신은 달아보고 계신다는 의미다.

여기서 죄라는 문제를 잠시 짚어보자. 솔로몬은 지혜를 이야기하면서 죽음과 영혼이라는 문제를 들여다보았다. 그리고 그는 '죄'의 문제를 꺼내들어 우리 눈앞에 들이대고 있다.

영혼이 없는 사람들이 죄를 더욱 저지르고 또한 범죄를 더욱 잔혹하게 한다. 내가 어릴 때는 토막살인이라는 단어도 없었다. 그러나 지금은 도처에서 일어나는 사건이다. 사람들도 죄에 둔감해지고 있다. 죄라는 존재는 희한하게도 점증적이고 가중적인 상태로 변화한다.

구약성경 창세기는 모든 것의 근원을 보여주는 책이다. 여기에는 창조설을 뒷받침하는 인류의 기원, 악기 다루는 이의 기원, 살인의 기원, 거짓말의 기원, 일부다처 즉 축첩의 기원 등 수많은 기원이 실려 있다. 필자가 주목하는 부문, 여러분께 소개하고자 하는 부분은 바로 죄의 점증이라는 대목이다.

성경에서 카인은 가인으로 기록되어 있는데 동생 아벨을 죽인 인류 최초의 살인범이라고 나와 있다. 그의 7대손 가운데 라멕이라는 자가 있었다. 성경에 나오는 그의 이야기를 보면, 라멕은 스스로 노래하기를 자신도 7대조 할아버지를 따라 살인범이 되었는데 가인을 위해서는 벌이 7배요 자신을 위해서는, 즉 자신을 건들면 그 벌이 77배가 되어야 한다고 떠벌린다. 어느 소년이 자신을 좀 다치게 했는데 자신은 그 소년을 아예 죽였다고 자랑한다. 이는 범죄의 점증설을 말해주는 전형적인 대목이다.

모두가 인정하지 않을 수 없는 것은 과거 20~30년 전과 비교해보아도 범죄가 훨씬 잔혹해지고 있으며, 생계형 범죄자에서 돈을 벌기 위한 범죄, 즉 돈이 인생의 전부라고 생각해서 저지르는 범죄가 점점 늘어나고 있다는 점이다.

왜 그럴까? 심리학자들은 교육환경설, 스트레스설, '아버지 없는 fatherless' 사회의 가정 문제, 자본주의 사회의 폐해라는 식으로 다양한 진단을 내리고 있지만 필자는 좀 다르다. 필자는 영혼 문제라 생각한다. 우리 사회에서 영혼이 점점 무시되고 육체적 탐욕, 육체적 가시적 욕망 등이 추구되면서 비롯된 것이라 생각한다.

범죄는 이제 집단화하고 있다. 일본의 우익들이 한국인들을 상대로 미친 듯이 외치는 욕을 혹시 들어본 적이 있는지? 과거 미국에서 KKK단이 흑인들을 상대로 저지른 인종차별의 끔찍한 유령과 죄악들이 다시 살아나고 있는 것을 느낄 수 있을 것이다. 개인의 문제에서 벗어나 집단의 광기화로 나타나는 이런 시대적 혼란의 원인이 어디에 있다고 보는가?

하버드 로스쿨 교수 캐스 R. 선스타인이 지은 《우리는 왜 극단에 끌리는가?》를 읽어보면 저자는 이 극단화의 배경에 생각이 같은 사람들로 이루어진 동질화 집단이 존재한다고 분석했다. 아니, 왜 같은 얼굴을 가진 인간들 가운데 어떤 이들은 서로 완전히 다른 주장을 하고 다른 생각을 하며 서로를 미워하게 되는 것일까? 나는 전적으로 이 문제가 영혼의 부재나 결핍에서 비롯되었다고 단언한다. 눈에 보이지는 않지만 영혼의 상태에 따라 같은 부류에 속하느냐 아니냐가 결정된다고 보는 것이다. 그리고 그 영혼을 아는 지식, 그것이 지혜라고 보는 것이다.

솔로몬은 이미 3,000년 전에 이런 인간의 모습을 살필 수 있었다. 그래서 잠언으로 우리를 경계하고자 나선 거다. 그는 3,000편 이상의 잠언으로 후손들에게 삶의 경고와 훈계를 남겼다. 솔로몬의 잠언은 인간의 영혼 문제를 직접적으로 언급하지는 않지만 모든 잠언의 배경에 영혼에 대한 인식을 깔아둠으로써 읽는 자들로 하여금 진지하게 자신의 영혼 문제를 성찰하도록 권고하고 있다.

4

무엇을 선택할 것인가

지혜가 그의 집을 짓고 일곱 기둥을 다듬고

짐승을 잡으며 포도주를 혼합하여 상을 갖추고

자기의 여종을 보내어 성중 높은 곳에서 불러 이르기를

어리석은 자는 이리로 돌이키라 또 지혜 없는 자에게 이르기를

너는 와서 내 식물을 먹으며 내 혼합한 포도주를 마시고

어리석음을 버리고 생명을 얻으라 명철의 길을 행하라 하느니라

_ 잠언 9:1-6절

미련한 여인이 떠들며 어리석어서 아무것도 알지 못하고

자기 집 문에 앉으며 성읍 높은 곳에 있는 자리에 앉아서

자기 길을 바로 가는 행인들을 불러 이르되

어리석은 자는 이리로 돌이키라 또 지혜 없는 자에게 이르기를

도둑질한 물이 달고 몰래 먹는 떡이 맛이 있다 하는도다

여기 두 여인이 있다. 한 여인은 지혜롭고 한 여인은 우매하다. 우매라는 말이 어려운가. 그러면 미련하다고 하자. 잠언을 풀어 설교하는 이들이 자주 인용하는 구절이 바로 9장이다. 이 9장은 의인화의 모델과 같은 성경 구절이다.

누구와 동행할 것인가

단적으로 이 장의 결론을 이야기하자면 주제어는 '선택'이다. 한 히브리 사내가 터벅터벅 고단한 여행길을 가다가 지치고 피곤해서 쓰러지기 직전에 오아시스를 만났다. 이스라엘이나 중근동에서는 오아시스를 끼고 성을 건축한다. 이 사내는 성으로 들어가면 맛난 것과 마실 것을 마음껏 얻어먹을 수 있으리라 생각하여 마지막 힘을 짜내 성문 앞까지 다다랐다.

그런데 성벽 누각 위에 한 여인이 그를 내려다보고 있는 것 아닌가? 너무 성곽이 높아서 얼굴이 자세히 보이지 않는 것이 흠이랄까. 귀가 번쩍 뜨일 만한 제안이 그 여인에게서 나왔다.

"제가 여종을 보냈으니 그 아이를 따라오세요. 이 성안에는 화려하고 사치스러운 것이 많지만 보이는 것을 좇다가는 낭패를 만날 수 있습니다. 그러니 당신께선 어리석은 행동을 하지 말고 그 여종을 따라 들어와 내게로 올라오세요. 함께 식사하며 살아온 인생을 이야기하고 지혜로운 삶을 선택하세요. 선택은 당신 몫이랍니다."

잠시 후 여종이 성문 앞으로 나왔는데 얼굴은 못생기고 퉁명스럽기 짝이 없다. 이 여종을 따라가야 하나 망설인다. '왜 내게 후한 대접을 베풀까? 혹시 도적과 내통한 것은 아닐까?' 온갖 의심이 든다. 그 순간 오른 쪽 누각 위에서 꾀꼬리 같은 목소리가 들려온다.

"어머 너무도 험한 길을 걸어오셨네요. 사막을 그렇게 용감하게 걸어오시다니 정말 대단한 분이군요. 제가 맛난 고기와 훌륭한 술을 준비했답니다. 왜 그런 말이 있잖아요. 도적질해서 먹는 과일과 고기가 세상에서 가장 맛있다고요. 저랑 하룻밤을 즐겨보지 않으시겠어요? 호호호, 여기 올라오셔서 저와 회포를 풀고 편안한 밤을 보내세요."

그 목소리가 얼마나 농염하고 아름다운지, 귀에 달고 가슴을 찌릿하게 만드는 도발적인 목소리였다. 아래서 올려다보니 비록 멀어 얼굴은 잘 보이지 않아도 허리가 잘록하고 몸매가 너무도 멋진 여인임이 분명하다.

'이거 어떡하지? 누구 말을 따라야 하지? 둘 다 괜찮을 것 같기도 하고…… 나중에 말을 걸어온 여인이 더 아름다울 것 같은데…….'

그 순간 그는 잠시의 망설임을 던져버린다. 그는 과연 누구랑 식탁에 앉을 것인가? 이 잠언의 의인화 기법은 문학적으로도 탁월하여 서구의 많은 문학도들에게 교과서처럼 기억되는 성경말씀이다. 중요한 것은 잠언 9장이 우리 인생길에 들려주는 주제어다. 무엇을 좇을 것인가? 어떤 식탁에 앉을 것인가? 선택은 나의 몫이다. 그런데 결과는 하늘과 땅 차이다.

지혜로운 여인을 좇아간 자에게는 정직과 진리와 선한 판단이 뒤따른다. 상식이 통하는 사회에서 공평하고 의롭게 살아가는 첫발을 내딛게 된다. 열심히 노력하면 대가도 지불받으며 소위 바른 길을 달려가게 된다. 물론 쉬운 선택은 아니다. 바른 길을 걸어간다는 것은 곁눈질하지 않고 정의롭게 살아가야 한다는 것으로, 때로 그 길이 고단하고 힘든 길이 될 수도 있을 것이다.

반대로 미련한 여인을 좇으면 거짓과 위선과 악한 판단이 뒤따라온다. 쉽고 편한 길 같고 멋지고 아름다운 길 같지만 불공정하고 도적질하는 이들 속에 끼어 오로지 자신만을 위해 살아가야 한다. 그 길은 온통 보이는 것만 좇는 사람들이다. 성경적으로 이야기하자면 좁은 길이 아니라 넓은 문이다. 그러나 그 끝은 자칫 지옥불처럼 매섭고 뜨거우며 재앙과 근심 걱정이 쉬지 않을 것이다. 필자는 그런 순간에 당신 같으면 어떡할 것인가 물어보고 싶어 하는 이들을 위해 대답을 준비하고 있다.

"저 같으면 못생겨도 지혜로운 여인을 택합니다." 그리고 이런 비유를 들려준다.

"비가 오고 나서 숲속에 피는 버섯들을 바라보세요. 아름답고 먹음직하며 탐스러운 것은 모두 독버섯 아닙니까? 인생도 마찬가지입니다. 좋게 보이는 것만 찾다가는 낭패를 당하기 십상이랍니다."

문제는 우리의 선택이 언제나 눈에 보이는 좋은 것만을 찾는 습성이 있다는 점이다. 특히 젊고 경험 없는 이들이라면 열 중의 아홉은 그리 선택하는 경향이 강하다. 나도 그랬다. 솔로몬은 더욱 그랬다. 하지만 젊은 남자들이 눈에 보이는 것만 좇아 아름다운 여인을 찾아가 끝내는 그 여인이 우매하고 미련한 여인임을 알게 되어 상처투성이로 인생을 마치게 되는 경우가 많다. 솔로몬은 그 사실을 뒤늦게 깨달았고 오늘 잠언으로 우리를 경계하는 것이다.

보이는 게 전부는 아니다

솔로몬은 3,000년 후의 우리 청춘들에게도 같은 질문을 던진다. 지혜를 택할 것인가? 우매를 택할 것인가? 선택은 나의 몫이다. 그 외로운 선택의 결과도 전적으로 내가 책임져야 한다. 성경은 퍼즐과도 같다. 성경 곳곳에서 전해주려는 메시지는 구약과 신약성경 여기저기서 다른 얼굴을 하고 나타나지만 자세히 살펴보면 같은 모습이다.

필자는 중국에서 순회특파원으로 일한 적이 있었다. 그때 처음 접한 '변검'이라는 마술이 기억난다. '변검'은 얼굴을 순식간에 스무 번까지 바꾸며 새로운 모습을 보여주는 마술이다. 성경은 어떤 면에서 전형적인 '변검'이다. 66권의 성경 속에 등장하는 인물과 사건들은 저마다 다르다. 하지만 주제는 동일하다. 생명과 복, 사망과 저주. 이 둘 중에 당신은 어떤 길을 선택할지를 묻는 것이다. 솔로몬보다 먼저 살았던 이들도 똑같은 질문과 선택을 받아야 했다.

창세기 시절이다. 유대교인, 천주교인, 개신교인에게 믿음의 조상이라고 불리는 인물이 있다. 바로 아브라함이다. 기원전 2166년경에 태어났다고 전해지는 이 사나이는 메소포타미아 문명권의 대도시 '우르'에서 살고 있었다. 그런데 여호와 하나님이 그를 가나안으로 불러냈다. 그것도 75세가 되어서 말이다.

가나안 땅은 지금 말하자면 팔레스타인이다. 한 번도 가보지 않은 낯선 곳으로 그는 아내 사라와 조카 롯 일행을 설득하여 보다 나은 삶을 찾겠다고 떠났다. 도중에 아버지를 여의고 하란 땅에 묻은 다음 여정을 재촉해 가나안으로 들어섰다. 양을 키우는 목축업이 그의 직업이었다. 삼촌과 조카가 한 지역에서 많은 양과 염소를 키우다보니 우물도 부족하고 풀도 모자란 것이 당연한 일. 아브라함은 조카에게 갈라져 살 것을 제안한다. 창세기에 그 갈등과 결론이 남아 있다.

아브라함이 롯에게 이르되 우리는 한 친족이라 나나 너나 내 목자

나 네 목자나 서로 다투게 하지 말자

네 앞에 온 땅이 있지 아니하냐 나를 떠나가라 네가 좌하면 나는

우하고 네가 우하면 나는 좌하리라

이에 롯이 눈을 들어 요단 지역을 바라본즉 소알까지 온 땅에 물

이 넉넉하니 여호와께서 소돔과 고모라를 멸하시기 전이었으므로

여호와의 동산 같고 애굽 땅과 같았더라

_ 창세기 13:8-10

이 철딱서니 없는 조카는 삼촌이 하란다고 자신이 먼저 물과 곡

식이 넉넉한 땅을 골랐다. 그 고르고 고른 땅이 소돔과 고모라였다.

소돔과 고모라는 눈에 보기에 멋진 곳이었을 게다.

그러나 그곳은 죽음의 경쟁과 온갖 사치와 환락, 음란이 판치며

동성애와 우상숭배가 가득한 곳이었다. 그 땅은 필경 멸망을 앞두고

있는 곳이었으나 롯에게는 그런 게 느껴지지 않았다. 반면 아브라함

은 롯과 반대되는 곳을 골랐다. 물도 부족하고 산지에다 도시는 멀

어 뭐 한 가지라도 넉넉한 것이 없었다. 그럼에도 성경은 아브라함

은 복을 받았고 롯은 그 반대의 길을 걸었다고 증언하고 있다. 소돔

과 고모라 지역은 아예 유황비가 쏟아지면서 불타버리고 지진으로

가라앉아서 지금 사해 밑바닥에 가라앉아 있다.

히브리 민족은 모세오경을 통해 이렇게 이야기를 전해준다. 보이는 선택을 함부로 하다가는 롯의 꼴이 난다고 말이다. 사실 롯에게 소돔과 고모라 땅에 하나님이 불벼락을 내리시겠다고 미리 가르쳐주며 가족들을 대피시키라고 명했을 때 롯의 아내가 남편을 따라 나오며 뒤를 돌아보다가 소금기둥이 되었다는 이야기는 유명한 성경 일화다. 롯처럼 그의 아내도 보이는 것을 더 소중히 여겼을까? 아마도 그녀 역시 남겨둔 재산, 멋진 가옥, 보석과 논밭 등 그런 것에 마음을 빼앗겨 뒤를 돌아보았을 게다. '에이 그런 게 어디 있어?'라고 말하지 말라. 이 구절에서 교훈을 얻으면 될 일이다.

몇 해 전, 비리에 연루된 한국수력원자력 관계자 십여 명이 체포되어 결국 가정이 깨어지고 가문이 망신당하며 감옥까지 가는 수모와 모욕을 당했다는 기사를 읽었다. 돈 몇 푼에 더 큰 가치를 둔 사람들이 당하는 수난이다. 하지만 많은 사람들은 들키지 않으면, 걸리지 않으면 무슨 문제냐는 생각을 하고 산다. 심지어 중학생들에게 설문조사로 돈 10억 원을 벌기 위해 나쁜 일을 하고 감옥에 몇 년 가는 것을 어떻게 생각하느냐고 물었더니 상당수의 학생들이 감옥에 가도 좋으니 10억 원을 벌고 싶다고 답했다고 한다.

잠언은 오늘 우리들에게 눈에 보이는 것만을 좇다가는 필경 큰 코 다칠 수 있음을 이야기한다. 우리는 매일 선택의 순간에 산다. 그리고 그 선택의 대가를 톡톡히 치르며 살아가야 한다. 경쟁이 치열한 곳일수록 선택에는 그 이상의 대가가 따르고 있다. 그 선택은 우리가 한다.

5
지혜의 경청

대저 너희가 지식을 미워하며 여호와 경외하기를 즐거워하지 아니하며

나의 교훈을 받지 아니하고 나의 모든 책망을 업신여겼음이니라

그러므로 자기 행위의 열매를 먹으며 자기 꾀에 배부르리라

어리석은 자의 퇴보는 자기를 죽이며

미련한 자의 안일은 자기를 멸망시키려니와

오직 내 말을 듣는 자는 평안히 살며 재앙의 두려움이 없이 안전하리라

_ 잠언 1:29-33

미련한 자는 훈계를 거부하는 자이다. 도무지 들으려 하지 않는
자들이 넘쳐나는 것이 현대 사회의 문제점이라고 생각해본 적은
없는지?

양심에 귀를 기울여라

나치가 집권하던 시기, 유대인들을 600만 명이나 처단한 독일 사회가 그랬다. 거기에도 교회가 있었지만 몇몇을 제외하고는 유대인은 벌을 받아도 마땅하다고 생각했다. 많은 이들은 좀 찜찜해 하면서도 히틀러에게 찬사를 보냈다. 일본 제국주의도 광기였다. 인간 마루타로 생체 실험하고 조선인 중국인을 말살하는 데 제국주의 군부가 앞장섰다. 그럼에도 대다수 일본인들은 침묵했다. 그들은 교훈을 잃어버렸고 가슴 속 영혼이 이야기하는 훈계를 무시했다.

지금 똑같은 일들이 되풀이되고 있다. 일본 정치가들의 뻔뻔한 선동에 대다수 일본 국민들은 입을 다물고 있다. 한국인 중국인의 지적을 일본 국민들은 귀를 닫고 들으려 하지 않는다. 충고도 조언도 무시하는 것이다. 이미 그들은 동조자이며 앞으로 반인륜적인 범죄자가 될 가능성이 높아질 것이다.

독일과 일본인들을 욕하기에 앞서 우리 자신도 돌아보라. 우리도 조언이나 진심어린 충고를 귀담아들으려 하는가? 이건 집단의 문제일 때뿐 아니라 개인의 문제에서도 심각하다.

심리학자들은 요즘의 범죄자들이 보통의 책임감 있는 사람들과 전혀 다른 사고방식을 갖고 있어서 교화하는 것이 거의 불가능하다고 말한다. 교도소는 범죄자를 교화하는 곳이 아니라 재범을 가르치는 곳이 되었다는 한탄의 소리가 들려오고 있는 지 오래다. 그저 범죄자를 잠시 사회에서 격리시키는 것이 21세기 교도소가 하는 유일한 기능이 되어버렸다.

영국의 범죄 전문작가 폴 롤랜드는 결코 교화되지 않는 범죄자들을 '사이코패스'라 불렀다. 21세기에 들어서서 유난히 사이코패스 이야기가 많이 등장함을 알고 있는가? 사이코패스를 '반사회적 성향의 인물'이라고 표현해보기로 하자.

정신분열증 환자들은 자신의 생각과 행동을 통제하지 못하지만 반사회적 성향의 인물들은 겉보기에는 일반인과 똑같다고 한다. 그런데 이들의 특징 가운데 하나는 놀랍게도 보통 사람처럼 생각하고 살고 있지만 계기만 주어지면 얼마든지 돌변하여 인명을 해치기도 하고 폭력적으로 돌변하여 주변의 특정 인물들을 죽도록 괴롭힌다는 것이다.

미국의 총기 사고 가운데 사회를 놀라게 하는 주요 사건들은 대부분 '묻지마' 살인이다. 이런 부류의 반사회적 성향의 사람들은 쉽게 고칠 수 없는 질병덩어리이며 전혀 훈계가 먹혀들지 않는다는 것이 문제다. 현대의 심리학자들은 이를 교화시킬 묘안을 날마다 연구하고 있지만 뾰족한 수가 없어 보인다는 것이 더 큰 문제라고 말한다.

개인의 문제로만 여겨도 이 역시 역사적으로 오랫동안 존재해왔다. 즉 영혼 없는 이들의 공격성이요 반사회적 성향이다. 그런데 솔로몬은 이런 이들을 잠언에서 '악한 자'라고 부르며 경계하라고 훈계한다. 그때는 사이코패스라는 말이 없었을 테니까 '악한 자'라는 표현이 가장 적절한 표현이었을지도 모르겠다.

내 아들아 악한 자가 너를 꾈지라도 따르지 말라

그들이 네게 말하기를 우리와 함께 가자 우리가 가만히 엎드렸다

가 사람의 피를 흘리자 죄 없는 자를 까닭 없이 숨어 기다리다가

스올 같이 그들을 산 채로 삼키며 무덤에 내려가는 자들같이 통으

로 삼키자

우리가 온갖 보화를 얻으며 빼앗은 것으로 우리 집을 채우리니

너는 우리와 함께 제비를 뽑고 우리가 함께 전대 하나만 두자 할

지라도

내 아들아 그들과 함께 길에 다니지 말라 네 발을 금하여 그 길을

밟지 말라

_ 잠언 1:10-15

솔로몬은 얼마나 지혜로웠기에 후대에 벌어질 일들을 정확히 맞추게 된 것일까? 솔로몬이 자세히 기록한 묘사를 살펴보자. 까닭 없이 '가만히 엎드려 숨어 기다리다가' 사람을 죽인다는 것이다. 까닭 없다는 말은 이들이 전형적인 묻지마 범죄의 원형임을 보여주고 있

다. 이런 범죄자들이 필경 나아가는 방향은 사이코패스적 범죄들이다. 필자는 범죄 전문가도 아니요 심리학자도 아니다. 다만 한 가지, 이들이 이렇게 반사회적인 존재가 된 원인을 살펴보고자 한다.

결론적으로 그 원인은 부모세대의 잘못에서 비롯되었다고 해도 지나친 말이 아닐 것이다. 어른들이 반만년 가난에서 벗어나려고 몸부림치면서 돈에 정신 팔려 살다보니 자녀를 도무지 살피지 못하고 방치한 탓이다. 그 돈 때문에 아이들을 망쳤고, 그 아이들이 커서 가정을 이루었다. 하지만 그들을 위한 뾰족한 대책이 없으니 우리 사회의 미래가 정말 염려스럽다.

때로는 강한 훈계도 필요하다

우리 사회 성인들은 자녀 교육에 깊은 반성과 자기 성찰이 있어야 한다. 대개 교훈이나 책망을 무시하는 학생들의 특징은 자기 방어기제가 너무 강하다는 점이다. 문제 가정에서나 문제 학교에서 자라면서 상처를 많이 받았던 학생들이라 어떤 문제가 혹은 교훈이나 책망이 다가오면 철저하게 무시하거나 철저하게 왜곡된 반응을 보이며 자기 자신을 방어해버린다. 거짓말을 밥 먹듯 하고 타인을 속이는 것에 죄책감이 없다. 누구의 말도 먹혀들지 않는 것이다. 그리고 반응도 엉뚱한 곳으로 나타난다.

지금은 떠나고 없는 교회 학생 하나가 있었다. 이삼 년 전 이야기다. 덩치가 작고 얌전해 보이는 이 학생은 외모도 지극히 평범했다. 그런데 처음 만난 지 몇 주가 채 지나기 전에 이 학생의 실체가 드러나기 시작했다. 담배 피우고 술 마시는 건 물론 또래 아이들과 자주 다투고 그 밖의 말썽을 계속 부렸다. 그리고 거짓말이 잦았다. 그러나 더 큰 문제는 간식이었다.

우리 교회는 간식을 자주 주는 편인데 이 학생은 한 번 먹기 시작하면 끝을 보는 것이 문제였다. 어느 정도 식사량이 차면 보통 아이들은 뒤로 물러앉지만 이 아이는 절대 물러나지 않았다. 음식이 모두 없어질 때까지 계속 먹었다. 그래서 한 번은 물어보았다.

"너 어느 정도 먹어야 배부르니?"

"저요? 피자 세 판 먹고요, 음…… 밥 한 공기, 음료수 두세 병은 마셔야죠."

"그걸 혼자서?"

"네. 기본이죠."

"너 왜 그렇게 많이 먹니? 배 안 불러?"

"안 불러요. 전 먹어도 먹어도 배고파요."

실제 이야기다. 계속 얘기를 하면서 아이의 문제는 부모였음을 알게 되었다. 맞벌이 부부가 가게를 하면서 밤에 장사를 하니 아이가 부모 사랑을 느끼지 못해 생긴 심리적인 질환이었다. '엄마 아빠를 보지 못한 지 6개월이 넘었다'고 했다. 어떻게 그럴 수 있느냐 했더니 부모님은 자신이 잠든 새벽에 들어오고, 자신이 학교에 갈 때는 주무시고 계시기 때문에, 깨어 있는 두 분을 보기가 어렵다는 것이다.

이런 환경의 아이가 스스로 자신을 지켜 도덕적으로 살아갈 거라고 누가 장담할 수 있을까? 이것은 누구의 책임인가? 이쯤 되면 훈계할 부모가 도리어 야단맞아야 할 상황이 아닌가? 뭣 때문에 이렇게 돈을 벌어야 하느냐고 물으면 부모들은 한결같이 이렇게 대답한다.

"잘 살아야죠. 열심히 벌어서 보란 듯이 살려면 이 정도 고생은 가족들이 다 참아야 하는 거 아닌가요?"

그러나 그 열심히 일하는 세월 동안 아이들은 홀로 큰다는 것을 그들은 왜 알지 못하는가?

자녀들과 대화할 시기를 놓치면 다시 마음을 터놓고 말할 기회는 찾아오지 않는다.

잠언은 아예 자녀 교육에서 현명하고 슬기로운 자녀를 교육하는 방법으로 적극적인 경계를 실천하라고 말한다. 여기에는 물론 체벌도 포함된다. 자녀를 경계한다는 것은 그들의 생각과 삶의 방식에 부모가 적극 개입하라는 주문이다.

미국식 자유분방한 교육 모델을 수입해온 우리로서는 이런 유대인식 교육 방법에 선뜻 동의하기 어려울지 모른다. 유대인 사회는 우리 사회와 판이하다. 자녀를 경계하고 체벌하는 것이 부모의 도리라고 말하는 것이다. 솔로몬도 잠언에서 채찍과 꾸지람이 지혜를 준다고 말한다.

> 채찍과 꾸지람이 지혜를 주거늘 임의로 행하게 버려 둔 자식은 어미를 욕되게 하느니라
>
> _ 잠언 29:15

이 구절은 훈계와 경계가 사라지고 없는 우리 사회의 심각한 문제를 반성케 하는 구절이다. 그냥 때리는 것이 아니라 영혼을 담아 때리는 것이다. 그래야 자녀가 반성한다.

어떤 가정에 방화벽이 있는 문제 아들이 있었다. 군대를 아직 다녀오지 않은 청년이었는데 남의 가게에 불을 지르기까지 했다. 아들은 불을 지를 때 쾌감이 너무 좋아서 멈출 수가 없다고 했다. 문제는 스스로 고치려 하지 않았고 불을 지르는 행위를 멈출 생각도 없었다. 부모와 자식 간의 사이는 더 나빠졌다. 아버지가 약을 먹고 죽어 버리겠다고 해도 고쳐지지 않았고 정신과에 보내 오래도록 치료를 받게 해도 고칠 수 없었다. 그러다 어느 날 아버지가 아들을 골프채로 때렸는데 그만 팔이 부러지고 말았다. 아들은 입에서 쌍욕을 내뱉었다. 그날 밤 아버지가 아들이 자고 있는 방으로 들어와 깁스한

팔을 붙잡고 소리 없이 눈물을 흘렸다. 한 시간을 그렇게 울고 있는데 아들이 벌떡 일어나더니 소리쳤다.

"아버지 잘못했어요. 제가 고칠 게요. 그만 우세요."

매로도 되지 않고 질책으로도 되지 않았지만 영혼을 담아 사랑을 담아 눈물로 아들을 붙잡으니 아들이 고쳐졌다는 것이다. 부모들도 이런 눈물을 흘려야 한다. 영혼과 사랑이 담긴 충고와 격려가 자녀를 고치는 것이다.

하지만 요즘의 우리 사회, 즉 잘못한 것을 나무라지 않는 사회, 훈계하지 않는 사회는 반사회적 성향의 인물을 양산한다. 우리 사회의 청소년과 관련한 모든 문제는 어른들로부터 비롯되었다. 중장년들이 자녀 교육을 올바로 하지 못한 데서 비롯된 것이다. 솔로몬은 심지어 이렇게 이야기했다.

아이를 훈계하지 아니하려고 하지 말라 채찍으로 그를 때릴지라도 그가 죽지 아니하리라

_ 잠언 23:13

죽도록 때려주라는 말과 다름 아니다. 자칫 자녀를 때렸다가 경찰에 신고당할까 두려운가? 솔로몬은 자기 자녀를 때리면 그 영혼을 지옥에서 구해 올린다고 충고하고 있다. 부모 노릇 잘하기란 얼

마나 어려운가? 그 중요한 지침을 솔로몬은 체벌에 두었다. 그에 따르면 교양은 예방적 차원의 가르침이요 체벌과 훈계는 치료적 차원의 가르침이다. 그러나 이 말에 앞서 자녀를 때리기 전에 자신은 어떤 자세로 삶을 대하고 있는지 먼저 살필 일이다. 자신은 영혼을 의식한 삶을 살고 있는가? 공동번역 성서로 보면 잠언 19장 18절에 솔로몬의 결론이 나와 있다. "아들에게 매를 들어야 희망이 있다. 그러나 들볶아 죽여서는 안 된다."

요즘은 너무 들볶거나 너무 방관해서 아이들을 다 버리고 있는 것 아닌가.

6

마음을 지키는 지혜

마음의 즐거움은 양약이라도 심령의 근심은 **뼈를** 마르게 하느니라

_ 잠언 17:22(개역 개정)

'새 번역 성경'을 보면 이 구절을 "즐거운 마음은 병을 낫게 하지만, 근심하는 마음은 뼈를 마르게 한다"로 번역했다. 솔로몬 등 잠언 기자는 잠언 31장 전체에서 91번이나 '마음'이라는 단어를 사용하고 있다.

잠언이 왜 이렇게 마음에 대한 이야기를 장황하고 반복해서 말하고 있는 것일까? 필자는 솔로몬이 잠언 안에서만 '마음'이라는 단어를 특별히 주목하고 강조한 이유가 분명히 있다고 생각한다. 솔로몬은 젊은 시절 마음을 다잡지 못했던 것 같다. 이 여인 저 여인에게 눈을 돌렸고 맛있다는 것은 다 맛보고 좋다는 것은 모두 소유했던 중근동 최고의 부자였지만 그는 마음을 잘 다스리지 못했다. 그래서

그는 늘 그 점을 후회했던 것이 아닐까?

자유를 선택한 모세
잠언은 계속해서 말한다.

노하기를 더디 하는 자는 크게 명철하여도 마음이 조급한 자는 어
리석음을 나타내느니라
평온한 마음은 육신의 생명이나 시기는 뼈를 썩게 하느니라

_ 잠언 14:19-20

마음을 다잡는 것은 천하를 얻는 것과 마찬가지로 중요한 일임을
보여준다. 결국 사람들이 갖고 있는 신앙이라는 것도 우리 마음을
어떻게 제대로 잡아 컨트롤할 것인가를 말하는 것이 아닐까 싶다.
특히 눈에 보이는 것만 좇으며 세상 유행이나 풍조만 따라가는 부
나비 같은 인생을 살지 않기를 바라는 마음이 잠언 곳곳에 투영되
어 있다.
　잠언은 어떤 면에서 구체적으로 다시 가닥을 잡아보면 이런 식으
로 표현할 수 있을 것이다. 눈에 보이는 것을 좇을 것인가? 보이지
않는 것을 좇을 것인가? 기독교식으로 바꾸어 말하자면 '영적으로

살 것인가' '육적으로 살 것인가'라는 것이다. 그러면 눈에 보이는 것과 보이지 않는 것이란 과연 무엇일까?

눈에 보이는 것: 돈, 부귀영화, 명예, 로또, 연예인, 화려함, 사치함, 남들로부터 인정받는 것 등
눈에 보이지 않는 것: 신앙, 사랑, 우정, 신뢰, 믿음, 공기, 산소, 바람 등

'이집트 왕자 모세' 이야기를 예로 들어보자. 많은 이들이 〈십계〉라는 제목의 고전 영화를 보았을 것이고 어린이나 학생들은 디즈니 만화로도 만났을 것이다. 모세는 히브리 사람으로 지금부터 3,500년 전에 살았다. 히브리 민족이 이집트 땅에서 430년간을 노예로 살 때, 이들이 너무 많아져 반역을 일으킬 것을 염려한 이집트 파라오가 세 살 이하의 히브리 민족 사내아이를 모두 죽이라고 명령했다. 이 무렵 태어난 모세였기에 그는 태어나자마자 죽을 수밖에 없는 운명이었다. 그러나 어머니가 차마 죽일 수 없어서 갈대상자에 실어 강물에 떠내려 보냈는데 마침 파라오 투트모세 1세의 공주 합셋수트가 상자에 실린 아기 모세를 발견해 아들로 삼았다. 이후 모세는 40년간 이집트 왕자로 살게 되었다.

나는 새도 떨어뜨린다는 합셋수트 공주 아들로 멋진 인생을 살

던 이가 모세였다. 모세는 이 40년간 많은 것을 누리고 살았을 것이다. 그런 풍요 속에서 차기 왕권을 넘볼 정도의 유력한 계승자였지만 어느 날 히브리 백성을 괴롭히는 자를 죽였다가 발각되어 죽음을 맞을 처지가 된다. 신분이 급전직하한 셈이다. 갑자기 낭떠러지 아래로 떨어진 인생길에서 그는 얼마나 당황했을까?

그는 살기 위해 야밤에 궁전에서 도망친다. 그 길로 아무도 찾는 이 없는 미디언 광야로 숨어들었다. 그곳에서 우연히 만난 일자무식의 여인과 함께 40년간을 양치기로 숨어 지내게 된다. 그 40년간은 부족함과 빈곤과 열악함으로 가득했을 것이다. 그리고 나이 80세에 하나님에게 불려나와 고통 속에 살고 있는 히브리 민족(20세 이상 성인만 60만 명이니 가족을 포함하면 그 수는 200~300만 명에 달한다)을 이집트로부터 탈출시키라는 명령을 받는다.

졸지에 이스라엘의 최고 지도자가 된 모세는 이집트에서 노예로 일하던 이스라엘 백성들을 홍해를 건너 탈출시키려고 마음먹게 된다. 모세의 마음에는 딱 두 가지의 선택밖에 없었다. 지금처럼 백성들을 고되지만 노예로 계속해서 살아가게 할 것인가(이는 눈에 뻔히 보이는 선택이다). 아니면 미래의 보이지 않는 자유를 위해 이집트를 떠나 고생길로 들어설 것인가(이는 보이지 않는 약속을 위한 모험이었다).

그런데 모세는 보이지 않는 자유, 하나님이 주시겠다는 보이지 않는 축복을 믿고, 결코 그 땅을 떠나지 않으려는 히브리 민족들을 설득해 새로운 땅 팔레스타나(가나안)로 인도했다. 이스라엘이라는 국가가 여기에서 시작된 것이다. 모세는 보이는 않는 것을 더 소중히 여길 줄 아는 위대한 리더였다.

모세의 경우처럼 솔로몬은 잠언을 통해 오늘 우리에게 어떤 인생을 살아야 할지를 가르쳐주고 있다. 좋아 보이는 멋진 길도 있고 나빠 보이고 고생이 분명할 것 같은 길도 있다. 선택은 우리 몫이다. 솔로몬은 지금 정말 진지하게 우리에게 말하고 있다.

선택과 절제는 동전의 양면

솔로몬은 잠언에서 하나님의 교훈 가운데 가장 큰 교훈인 '마음의 절제'를 우리에게 가르치고 싶어 한 것으로 보인다. 우리는 우리 자신을 마음대로 내버려둘 수도 있지만 한편으로는 잘 가르치고 조절하여 원하는 수준까지 통제할 수도 있다. 우리가 마음을 정해야 할 때, 직면하는 선택과 절제는 같은 맥락이라는 생각이 든다.

우리 인생은 참느냐 저지르느냐의 갈림길에 있는 것 같다는 생각도 하게 된다. 필자는 지금까지 인생을 돌이켜보면 선택의 순간을 제대로 찾지 못하고 늘 눈에 보이는 것들을 향해 달려왔던 것 같다. 그래서 늘 많은 실패를 겪었다고 후회하고 있다. 독자 여러분은 그런 실패를 겪지 않기를 진심으로 충고한다.

우리는 많은 경우에서 마음의 선택을 어떻게 할 것인가를 결정해야 한다. 가령 학생의 경우라면, 시험 준비, 부모님이나 선생님에 대한 순종, 바른 생활이나 혹은 그 각각 반대의 길 등을 앞에 두고 뭔가를 선택해야 한다. 결혼 적령기의 남녀라면, 배우자의 기준이나 결혼 여부를 두고 선택의 기로에 설 것이다. 이뿐 아니라 우리는 일상의 모든 것들에서 마음의 선택이라는 갈림길에 서게 된다. 이 갈등을 앞에 두고 우리는 마음을 절제할 수 있는 방법을 배워야겠다.

인류의 조상이라는 하와가 선악을 알게 하는 과일을 얼마든지 먹을 수 있음에도 참았어야 했고, 가인이 동생을 축복하고 칭찬할 수 있음에도 참지 못하고 살인을 저질렀다. 모두가 참지 못했다. 인류가 바벨탑을 쌓을 수 있었지만 참았어야 했다. 우리보다 앞서서 살았던 사람들이 할 수 있음에도 절제를 선택하지 못한 경우가 많아 실패를 겪었다면 우리는 어떻게 해야 할까?

혹시 마음대로 살고 있지 않은가

경부고속도로와 중부고속도로가 만나는 남이JTC라는 곳이 있다. 가끔씩 운전하다보면 경부고속도로에서 분기점으로 진입하는 차량 가운데 한번에 네 차선車線을 넘어오다가 큰 사고를 내는 이들이 있어 문제가 되고 있다. 한 차선씩 옆과 뒤를 살피며 천천히 진입하면 안전한 고속도로지만 급하게 들어오다가는 큰 사고를 만날 수밖에 없다. 시속 100킬로미터가 넘는 빠른 속도에서 차량이 마음대로 제어되지 않는 것은 당연한 일이다.

차선을 잘 지키는 자에게만 안전이 보장된다. 차선을 안 지키는 것은 개인 의지의 문제겠지만 한편으로 그것은 방종의 끝으로 사람을 죽음으로 인도하는 길이다. 갓피플이라는 온라인 자료를 보니 이런 비유가 있었다. 다 기억하지 못해 그대로는 옮길 수 없으나 대략 이런 내용이었다.

"지금 산 속 깊은 계곡 위에 놓인 큰 다리 위로 자동차를 운전해 지나가고 있다고 상상해 보시지요. 그런데 그 다리의 양옆에는 자동차가 떨어지지 않도록 보호해주는 난간이 없습니다. 그 다리 위로 차를 운전해 들어섰으니 얼마나 무섭겠습니까? 자연히 차를 다리의 중간지점으로 조심스레 운전하시겠지요? 그러나 양쪽에 튼튼한 쇠파이프로 난간이 설치되어 있다면 떨어질 염려가 없으니 마음 놓고 달릴 겁니다. 이 다리 비유는 아이들을 소위 난간이 없는 자유방임적인 방법으로 키우는 가정에 닥치게 될 위험을 잘 설명해줍니다."

'난간 없는 다리' 하면 명화 〈매디슨 카운티의 다리〉가 생각난다. 주인공 중년의 주부(메릴 스트립 분)는 잘 생긴 중년의 사진작가(클린트 이스트우드 분)와 한눈에 사랑에 빠진다. 그러나 그녀는 마지막 순간에 자신의 남편과 가정을 택한다. 많은 회한과 사랑과 추억을 떠

올리게 하는 이 작품의 마지막이 가정으로 돌아간 주부라는 장면임은 무엇을 말함인가? 작품의 해석은 독자들 몫이지만, 영화와는 달리 사진작가와 주부가 함께 떠났다면 남은 가족들은 물론 당사자들도 상처를 받았을 것이다. 가정은 최소한의 서로를 지키는 차선이 아니던가. 짜릿한 사랑을 꿈꾸는가? 중년에도 그러하다면 아직 철이 덜 들었다고 말할 수밖에 없다. 사랑과 행복은 저 산 너머에 있지 않다. 다만 있다고 착각할 뿐이다. 가보면 안다.

공동묘지에 가면 "~할 걸" "~(하지) 말 걸" 하는 사람들로 가득차 있다고 한다. 무덤의 주인들이다. 이들은 하나같이 죽기 전에 그러지 말 걸 하면서 후회한다는 것이다. 가정에도 학교에도 교회에도 우리 사회에도 이처럼 자유와 의무를 규정하는 중요한 차선과 난간이 설치되어 있지만 우리는 종종 그 사실을 잊기도 하고 때로는 무시하기도 한다. 한계를 넘어섰을 때 부모의 훈계가 따라야 하고 또한 사회에서도 비판과 지적이 있어야 하는데 요즘은 도무지 그런게 없어 보인다. 혹시 우리는 너무 마음대로 살고 있는 게 아닐까? 우리가 차선 안에서 자유롭게 달릴 때, 고속도로에서 차선을 지킬 때 우리에게 안전과 발전과 희망이 오는 것 아닌가. 우리의 마음을 지키는 것이야말로 차선을 지키는 것이다. 그래서 솔로몬의 충고는 귀 기울여 들을 만한 주제가 있다. '무릇 지킬 만한 것 가운데 가장 중요한 덕목은 마음을 지키는 것이다.'

4장

솔로몬이 행복을 말하다

1

화목한 가정은 복

지혜를 얻은 자와 명철을 얻은 자는 복이 있나니

이는 지혜를 얻는 것이 은을 얻는 것보다 낫고 그 이익이 정금보다 나음이니라

지혜는 진주보다 귀하니 네가 사모하는 모든 것으로도 이에 비교할 수 없도다

그의 오른손에는 장수가 있고 그의 왼손에는 부귀가 있나니

그 길은 즐거운 길이요 그의 지름길은 다 평강이니라

지혜는 그 얻은 자에게 생명나무라 지혜를 가진 자는 복되도다

_ 잠언 3:13-18

'아쉐르'는 히브리어로 '복', '행복'이라는 의미다. 행복의 의미는 사람들의 형편에 따라 완전히 달라진다. 건강을 잃은 사람에게 행복이란 건강을 되찾는 일이다. 가난한 이들은 돈이 좀 많았으면 하는 소망을 복의 목표로 둘 것이며 가정이 화목치 않은 사람들은 화목한 가정을 복으로 여길 것이다. 집 없는 이들은 집 한 칸 갖는 것

이 복이요 소작농인 농사꾼은 논 한 마지기라도 자기 것으로 가지면 행복하다고 여길 것이다.

행복은 분수를 지키면서 시작된다

이처럼 대개의 사람들은 행복의 가치관을 물질에 두고 살아간다. 눈에 보이는 목표에 도달하면 행복이 시작된다고 여기고 산다. 그래서 로또 복권 1등 한 번 되었으면 하는 것이 우리 서민들의 간절한 소망이 되는 것도 그 때문이다. 그러나 솔로몬은 달랐다. 그는 지상 최대의 부자로 살아봤기에 물질로만 복을 얻을 수 없다는 사실을 가슴 깊이 느꼈던 것이다.

놀라운 것은 부자 가운데는 불행하게 살고 있는 사람들이 의외로 많다는 점이다. 모 재벌의 가정사는 우리를 놀라게 하고도 남는다. 없는 게 없고 못 가진 게 없을 것 같은데 막내딸부터 창업주 차남의 아들까지 죽음을 맞았고 형제들끼리의 재산 싸움 등에 바람 잘 날이 없다는 뉴스를 보며 '천석꾼 천 가지 걱정 만석꾼 만 가지 걱정'이라는 속담이 딱 들어맞는다 싶은 것이다.

로또 복권 1등에 한 번 당첨되었으면 하는 마음을 가져보지 않은 이는 드물 것이다. 하지만 로또 복권에 당첨된 이들 가운데 정말 많은 수의 사람들이 이혼하고 자녀가 유산 싸움으로 소송을 벌이는 등 이해하기 어려운 일이 얼마나 많은지 사람들은 쉽게 간과한다. 미국에서도 복권 당첨자 중 7퍼센트는 몇 년 안에 파산한다는 통계가 나와 있을 정도다. 복권 당첨으로 약 1,700만 달러를 거머쥔 어떤 이는 자신의 복권을 저주의 복권이라고 불렀다. 그래도 많은 사람들은 말한다. '망해도 좋으니 1등 한 번 당첨되었으면 좋겠다.' 그들은 왜 모를까? 높은 곳에 올랐다가 떨어지면 그만큼 더 아프다는 사실을 왜 깨닫지 못할까?

필자는 완전히 패가망신할 정도로 망해본 사람이라 그 아픔을 충분히 공감하고 남는다. 그래서 누구보다도 더 분수에 넘는 짓은 하지 않기로 마음먹은 사람이다. 분수를 지킨다는 것은 정말 중요하다. 누구나 행복해지고 싶어 한다. 하지만 정작 지금 행복하냐고 물어보면 "아직은……"이라고 대답하는 이들이 너무도 많다는 사실에 놀라지 않을 수 없다. 그러다보니 무리수를 두게 되고 경우에 따라서는 분수에 지나친 짓을 하게 된다.

필자가 아는 전직 모 부처 출신 청장 한 분은 공직에 있던 어느 날 집으로 배달된 사과상자를 열어보고 깜짝 놀랐다고 한다. 사과 장사 안에 현금이 가득 들어 있었다는 것이다. 그는 놀라서 택배 영업사를 통해 그 상자를 보내준 사람에게 돌려보냈다고 한다. 그런데 더 놀라운 것은 그 사과상자가 자신뿐 아니라 고위 관료 몇 사람에게 함께 배달되었다는 사실이다. 그가 사무실에 나가 그 사실을 알리고 혹시 받으면 안 될 택배를 받은 이가 있으면 당장 돌려주라고 정중하게 부탁했더니 여러 사람이 개인적으로 찾아와서 자신도 받았다고 털어놓았다는 것이다. 후일 그 문제로 경찰조사까지 받았지만 아무 탈 없이 명예를 지킬 수 있었다. 그는 나중에 이런 이야기를 내게 했다.

"내가 그때 그 상자를 받았으면 콩밥만 먹는 것뿐 아니라 그동안 열심히 일했던 30년 공직 생활에 고춧가루를 뿌릴 뻔했어!"

그의 청렴함에 절로 고개를 숙이게 되지만 정말 많은 이들에게서 눈앞에 굴러들어온 이익에 홀려 결국 자신의 삶과 나아가 가문에 먹칠을 하는 경우를 자주 보게 된다. 솔로몬은 이미 그런 점을 잠언에서 경고한 바 있다.

이익을 탐하는 자는 자기 집을 해롭게 하나 뇌물을 싫어하는 자는 살게 되느니라

_ 잠언 15:27

훈계를 굳게 잡아 놓치지 말고 지키라 이것이 네 생명이니라
사악한 자의 길에 들어가지 말며 악인의 길로 다니지 말지어다

_ 잠언 4:13-14

그렇다. 행복은 분수를 지키면서 시작되는 법이다.

가정의 순결이 행복의 지름길

솔로몬은 행복한 가정을 이뤘을까? 그 시절 솔로몬이 살던 때는 여성을 남성의 부속물이나 재산으로 여기던 시절이었다. 이스라엘에서는 조선시대 가부장적 전통과 비슷한 분위기를 갖고 있어서 여자와 아이들은 사람들 숫자에 넣지도 않았다. 그런데 솔로몬은 부인을 천 명이나 두었다. 그에게 가정은 이스라엘 왕국의 통치를 위한 여러 수단 중 하나였을 뿐이었다. 그런 까닭이 아니더라도 솔로몬의 가정은 편하지 않았다고 단언할 수 있다. 잠언에 그의 삶이 투영되어 있기 때문이다.

어진 여인은 그 지아비의 면류관이다 욕을 끼치는 여인은 그 지아비의 뼈가 썩음 같게 하느니라

_ 잠언 12:4

지혜로운 여인은 자기 집을 세우되 미련한 여인은 자기 손으로 그것을 허느니라

_ 잠언 14:1

누가 현숙한 여인을 찾아 얻겠느냐 그의 값은 진주보다 더 하니라

_ 잠언 31:10

솔로몬은 현숙하고 순종적인 부인을 원했으나 솔로몬의 부인들은 그의 말을 듣지 않았다. 그들은 천사가 아니었다. 물론 그들도 할 말이 많았을 법하다. 처음에 솔로몬은 이집트 파라오의 딸과 결혼했다. 그는 얼마나 지혜로웠던지 이집트의 모든 지혜자들보다 더 지혜로웠다고 구약성경 열왕기는 전하고 있다.

솔로몬의 지혜가 동쪽 모든 사람의 지혜와 애굽의 모든 지혜보다 뛰어나니라

_ 열왕기상 4:30

그런데도 그의 지혜는 가정에서는 통하지 않았다. 그는 가장 강력한 경쟁자이자 위협의 대상이 될 수 있는 이집트와 혼인정책으로 협력 관계를 맺었다. 그는 자신이 지혜롭다고 생각했을 것이다. 하지만 사실 지혜롭지 못했다. 그가 결혼한 여인은 최강국 이집트 파라오의 딸이었다.

솔로몬은 일찍이 재판을 열기 위한 보좌의 홀을 크고 화려하게 만들었는데 파라오의 딸에게도 똑같이 홀을 만들어주었다. 마루에

는 백향목이라는 레바논에서 주로 나는 높이 30미터짜리 나무로 만든 고급 목재를 사용했다. 궁전이나 성전 바닥, 기구와 조각용으로 사용된 이 나무는 수명이 1,000년이나 되어 귀하고 비쌌다. 이런 비싼 나무를 들여와 부인의 궁에 선물한 것이다.

백향목은 레바논 지역에서 해발 2,000미터 이상에서만 자라는 아주 질 좋은 고급 침엽수다. 재질이 단단하고 향기가 은은해 벌레가 접근하지 못하기 때문에 목재로는 최고의 품질을 자랑한다. 고급 건축자재로 쓰려면 300년 이상은 자라야 하는데 솔로몬은 1,000년이나 자란 백향목으로 성전 안벽과 천장을 입혔다. 성경은 "성전 안쪽 벽에 입힌 백향목에는, 호리병 모양 박과 활짝 핀 꽃 모양을 새겼는데, 전체가 백향목이라서, 석재는 하나도 보이지 않았다(열왕기상 6:16 새번역)"고 기록하고 있다.

그랬는데 성경 기록을 보면 솔로몬이 파라오의 딸 말고도 수많은 여인을 사랑했다고 나와 있다. 앞에서 천 명이라고 했는데 그 실제적인 기록을 의심할 필요 없이 많은 부인을 거느렸던 것이 사실이었다. 솔로몬의 많은 부인을 표현한 "솔로몬 왕이 바로의 딸 외에 이방의 많은 여인을 사랑하였으니 곧 모압과 암몬과 시돈과 헷 여인이라(열왕기상 11:1)"라는 구절도 있다.

모압, 암몬, 시돈, 헷. 이 네 지역 국가들은 이스라엘 주변국으로 이스라엘과 늘 전쟁을 하던 나라들이었는데 솔로몬이 혼인정책을 펼쳐 그 나라의 공주들을 아내로 맞아들였던 것이다. 그들이 파라오의 딸을 질투하여 저마다 자신을 더 사랑해 달라고, 자신들에게도 파라오의 딸처럼 좋은 궁궐을 지어 달라고 졸랐음은 보지 않아도 뻔한 일이다.

우리나라에서도 일찍이 고려 태조 왕건이 혼인정책을 통해 지방 귀족들을 자기편으로 끌어들이고자 29명의 부인을 두었는데 그가 죽은 후 심각한 권력 혼란과 치맛바람이 불어 왕조의 위기를 불러온 적이 있었지 않은가? 솔로몬은 생전에 부인들 등쌀에 시달렸던 것이다. 그 질투가 얼마나 심했던지 솔로몬은 잠언에 이렇게 썼을 정도다.

다투는 여인과 함께 큰 집에서 사는 것보다 움막에서 사는 것이
나으니라

_ 잠언 21:9

다투며 성내는 여인과 함께 사는 것보다 광야에서 사는 것이 나으
니라

_ 잠언 21:19

그는 가정의 평화를 스스로 지키지 못하고 깨뜨린 것이다. 행복

은 가정의 평화에서 비롯된다는 가장 평범한 진리를 그는 깨닫지
못했다. 그만 그런가? 이 시대 남성들, 특히 가장의 순결을 지키지
못하고 사는 남편들에게 솔로몬의 잠언을 읽어보라고, 꼭 읽고 가슴
에 새기라고 전하고 싶다. 행복은 멀리 있는 것이 아니다. 한 여인을
사랑해주고 자신도 사랑받고 사는 것이 진정한 행복이다.

　반대로 여성의 경우도 마찬가지일 것이다. 과거에는 성격 장애가
이혼의 큰 사유였다. 지금은 배우자의 불륜이 큰 요인이 되었다. 그
만큼 성적으로 문란해졌다는 방증이다. 이혼이 점차 증가하고 있는
문제를 해결하지 못하면 우리는 미국이나 유럽 사회처럼 이혼 증가
로 인해 발생하는 심각한 혼란의 사회적 가정적 비용을 감당치 못
해 고통받게 될 것이 분명하다. 솔로몬의 교훈을 남자에게만 돌리지
말고 부인들도 심각한 경고로 받아들일 때이다.

가정은 지킬 수 있을 때 지켜라

필자의 나이 또래라면 칼 부세의 〈산 너머 저 멀리 행복이 있다〉
는 시를 어릴 적 읊조려 보지 않은 이들이 없을 것이다.

　산 너머 저 하늘 멀리

　행복이 있다고 사람들은 말하네

아, 나 또한 남들 따라 찾아갔다가
눈물만 머금고 뒤돌아왔네

산 너머 저 더 멀리에
행복이 있다고는 말하네

행복이 뭔지 모를 나이였지만 그 시절 행복이란 것을 잡을 수만 있다면 좋겠다고 생각했고 그 목표를 이뤄보고자 열심히 공부했고 취직하고 나서도 단 한 달도 쉬어본 적이 없이 반평생을 일에만 매달리며 쫓겨왔다. 돌이켜보면 언제 어디서도 여전히 필자는 행복하지 않았다. 삼류 출신인 사람이 일류 인생을 살 수 있다면 이를 행복이라고 여겼기에 단 한 번도 걸음을 멈출 수 없었던 것이다.

아마도 내 또래의 많은 사내들이 그랬을 것이다. 우리 시대의 남자들은 사회에서 성공하는 것이 가정의 행복이라고 여기는 어른들과 선배들에게 삶을 배웠다. 그들은 가정보다 회사가 우선이 되어야 한다는 의식을 우리에게 심었다.

필자도 대기업을 몇 곳 다녔는데 그곳의 문화도 그리 다르지 않았다. 출세해서 임원이 되고 부사장, 사장이 되는 것이 인생 최고 목표였다. 자동차 회사 사장이 된 동창, 우리나라에서 가장 큰 대기업의 임원이 된 동창 등을 부러워하며 한편으로 그들만큼 출세 못 한나 자신이 늘 바보 같았고 결국에는 그들보다 뒤처진 인생을 산다고 느낀 적이 많았다. 그 때문에 예전에는 내가 왜 잘나가던 그룹에서 더 버티지 못하고 뛰쳐나왔는지, 지금은 그룹 부회장이 된 분 밑에서 일하고 있을 때 그가 만류하던 사표를 왜 던지고 나왔는지 후회할 때가 있었다. 그런데 수년 전 어느 날 그룹 입사 동기를 길가에서 우연히 만나 퇴사한 이후의 상황을 듣게 되었다.

"우리 동기 중에는 아무도 임원이 못 되었어. 그렇게 죽어라고 열심히 일했는데."

"난 일찍 퇴사해서 그렇다 해도 자넨 꽤 인정받았잖아? 왜 임원을 안 시켜주었을까?"

"학벌에 지연에 실력에, 다 그런 거지 뭐."

필자는 커피를 마시며 나눈 그 친구의 속 이야기에 가슴이 멍했다. 임원이 못 되고 만년 부장에서 머물다 자의 반 타의 반으로 퇴직했는데, 이후 가정에서 찬밥이 되고 말았다고 했다. 회사에 다니는 동안 가족과는 점점 멀어졌고, 회사를 그만두고 난 후 가족과의 관계를 회복하기가 쉽지 않아 자신이 그 동안 왜 그렇게 열심히 일했는지 도무지 알 수가 없었다고 한다. 자녀들과 대화의 문을 닫고 산 지 얼마나 되었는지 아들도 딸도 자기 앞에선 통 말을 하지 않는다고 했다. 아내도 귀찮아하고 돈벌이나 나갔으면 하는 눈치를 준다고 한 대목에선 가슴이 아렸다.

그래서 가능하면 집에 있지 않으려 한다고 했다. 이게 환갑을 바라보는 힘 빠진 사내의 모습이다. 그래도 이 친구 가정은 깨어지지 않았으니 다행이다. 가정이 깨어지고 난 뒤의 모습을 살펴본 적이 있는가?

솔로몬은 배우자 문제로 심한 골머리를 앓았을 것이 뻔하다. 가정이 바로 서지 못하니까 그도 만년에 고생을 겪어야 했던 것이다. 요즘은 일하는 주부들이 크게 늘었다. 남성들보다 더 열심히 일하는 여성들이 늘어나고 또한 사회 주요 부분에서 리더 역할을 하는 이들이 많아졌다. 그럼에도 그들이 일보다 가정의 중요성을 앞세우지 않기를 바란다. 어떠한 경우에도 가정보다 일이 먼저 일 수는 없다고 생각한다.

가정이 재정적 문제나 부부의 성격 차이 등을 이유로 붕괴되기 시작하면서 단독세대가 크게 늘어났다는 보도를 본 적이 있다. 부부가 살면서 이혼하는 것은 당연하다고 말하는 사람도 있고 이제 이혼은 부끄러운 일도 아니라는 주장도 나오고 있다. 그러나 이혼하는 부부의 갈등을 수도 없이 상담해온 필자는 이혼은 다시 겪을 일이 아니라고 생각한다. 특히 자녀들은 더 하다. 어릴수록 그 상처는 크고 깊어서 오랫동안 치유받지 못한다. 버려졌다고 생각하는 자녀들의 마음을 이해할 수 있을까?

행복의 우선순위가 어디에 있을까? 행복의 우선순위는 돈도 아니

고 일도 아니다. 3,000년 전 솔로몬은 결국 가족이 행복하지 않으면
아무 것도 얻는 것이 없고 오히려 재앙의 근원이 된다고 깨달았다.
그리고 그 경고를 잠언에 담았다. 필자도 지금에 와서 보니 그만한
진리는 결코 없다고 느낀다. 가정을 지킬 수 있을 때 지켜라. 솔로몬
은 많은 것을 잃고 그 경험을 우리에게 남겼다.

2
행복은 감옥에서 벗어나는 것

부자되기에 애쓰지 말고 네 사사로운 지혜를 버릴지어다

네가 어찌 허무한 것에 주목하겠느냐 정녕히 재물은 스스로 날개를 내어 하늘

을 나는 독수리처럼 날아가리라

_ 잠언 23:4-5

여기 '사사로운 지혜'라고 기록한 글이 재미있다. 히브리어 원어
로 이 구절은 인생의 본질적인 문제에 접근한 지혜가 아니라는 의
미다. 이 지혜는 현상적이고 사변적이며 세속적이고 감각적이다. 본
질의 문제가 아니고 비본질의 문제에 매달린 불완전한 지혜라는 말
이다. 그런데도 사람들은 본질을 버리고 비본질에 매달려 살아간다.

필자는 〈매트릭스〉라는 영화를 정말 눈여겨본 적이 있었다. 매트
릭스는 아마 촬영기법만으로도 영화사에 족적을 남긴 작품일 것이
다. 그러나 더 중요한 것은 그 영화가 담고 있는 주제의식이다. 우리

인생은, 더 고귀한 삶을 내버려두고 눈에 보이는 가시적 세계에만 매몰돼 살아가는 매트릭스 세계에 불과하다는 것을 보여주었기 때문이다.

사사로운 지혜를 경계하라

솔로몬은 자신의 다른 저서 전도서에서 이 같은 교훈을 자신에게 적용시켜 한탄과 후회를 쏟아내고 있다.

사람이 해 아래에서 행하는 모든 수고와 마음에 애쓰는 것이 무슨 소용이 있으랴

일평생에 근심하며 수고하는 것이 슬픔뿐이라 그의 마음이 밤에도 쉬지 못하나니 이것도 헛되도다

_ 전도서 2:22-23

중근동 최고 부자이면서 가장 강력한 제왕이던 솔로몬은 자신이 애쓰고 노력한 모든 것이 한낱 물거품으로 돌아갈 것을 젊은 시절 다 보낸 다음에서야 알아차렸다. 그가 알아차린 대로 번영을 구가하던 통일 이스라엘 왕국은 기원전 930년쯤 남왕국 유다와 북왕국 이스라엘로 갈리고 말았다.

솔로몬은 부지런한 사람이었다. 자신의 왕국을 중근동에서 가장 부자나라이자 무역대국으로 건설한 리더였다. 그러나 그의 명성과 부가 오히려 그에게는 짐이 되고 족쇄가 되었다. 그는 재물이 중요한 것이 아니라 그것을 누리는 인간의 자세가 더 중요하다고 보았다. "정녕히 재물은 스스로 날개를 내어 하늘을 나는 독수리처럼 날아가리라(잠언 23:5)"처럼 재물은 그냥 날아가는 새와 같은 허무한 존재임을 그 스스로 깨달았던 것이다.

즉 재물은 수단이지 목표가 되어서는 안 된다는 가르침이다. 재물이 목표가 되는 순간 사람은 돌변하기 마련이다. 그러나 많은 사람들이 이미 재물을 목표로 하고 있다. 사람들은 누구나 잘살려고 애쓴다. 요즘 직장인들이 회사가 끝나면 학원이나 강습소에서 가장 즐겨 듣는 학과목이 재테크 관련 과목들이다. 대학생들까지 돈벌이가 되는 일이라면 모든 것을 걸 태세다.

제자 가운데 한 명이 진로상담 도중에 경매업을 배워볼까 한다고 했다. 4학년을 채 마치지도 않은 여학생이 경매업을 배워보겠다고 하는 발상에 놀라지 않을 수 없었다. 한편으로는 한 세대 이상 차이가 나는 요즘 젊은이들 발상을 이해하는 게 쉽지 않구나 하는 생각이 들었다. 문득 필자의 대학교 졸업반 시절이 떠올랐다.

그때도 참 어려웠다. 다행히 전공인 일본어만큼은 열심히 공부했기에 남부럽지 않게 구사할 수 있었다. 그런 까닭에서인지 전공 교수님께서 고등학교 일본어교과서를 집필하는 동안 조수를 하지 않겠냐고 제안하셨다. 이후 근 1년 동안 교수님을 도와 교과서를 완성할 수 있었다. 하지만 애석하게도 그렇게 고생해서 만든 교과서는 교과서 검정을 통과하지 못했다. 크게 실망하던 차에 서울의 한 대형 학원에서 연락이 왔다. 학원 원장이 직접 학교로 연락해서 나를 보자고 했다는 것이다. 취업 때문인가 싶어 얼른 달려갔더니 뜻밖의 제안을 했다. 혹시 생각이 있다면 단과반 유명 강사로 만들어줄 테니 한 번 해보지 않겠느냐는 것이었다. 그때 소문에는 가장 유명한 일어 단과반 강사가 한 달에 1천만 원 정도를 번다고 했다. 학원 원장이, 그런 유명 일어 강사가 서울 시내에 서너 명 있는데 각 강사에게 가서 석 달씩 배우면서 장점만 익혀 오면 스타 강사를 만들어줄 테니 1년만 투자하라는 것이었다. 솔깃한 제안이었는데 고민하다가 여쭙고 교훈을 듣고자 학과장님을 찾아갔다. 그러나 기대와는 달리 내 얘기를 들은 학과장님께서 이렇게 호통치셨다.

"젊은 놈이 한 가지씩 익혀가며 천천히 열심히 살면 되지 어디 일확천금하는 데 눈이 멀어서 그 따위에 솔깃해 경망스럽게 설치냐?"

잠언 28장 20절 후반부에서 솔로몬도 "속히 부하고자 하는 자는 형벌을 면치 못하리라"라고 호통치고 있다. 잠언을 제대로 받아들여서인지 나는 학과장님께 욕만 잔뜩 먹고 학원 원장의 제안을 거절했다. 지금 젊은이들은 같은 기회가 찾아온다면 갈지도 모르겠다.

또 누군가는 좋은 기회를 발로 차버린 것 아니냐고 생각할지도 모르겠다. 하지만 필자는 생각이 다르다. 만약 그길로 성공했다면 돈은 벌었을지도 모를 일이지만 인생의 깊은 맛을 느낄 수는 결코 없었을 것이다. 그 생각을 하며 경매업을 배우려던 제자에게 '좀더 천천히 생각해보라'고 조언했다. 지금 그 제자는 어학공부를 하며 열심히 실력을 쌓고 있다.

이처럼 우리 주변에 인생을 어떻게 살아가야 할지를 놓고 고민하는 젊은이들이 너무도 많은 것 같다. 취업해서 돈도 벌어야 하고 결혼도 해야 하며 집도 사야 하는 이 88만 원 세대들에게 우리 노장년들이 너무 해줄 것이 없는 점이 안타깝다. 그래서 학교에서 제자들을 조금이라고 더 만나 상담하고 위로하려고 노력하는 것이다.

물론 돈도 중요하다. 당연히 우리 사회 시스템에서 돈 없는 것만큼 멸시당하는 일은 없기 때문이다. 필자도 집에서 하던 사업의 실패 후 많은 멸시와 모멸을 당했다. 그동안 친하게 지냈던 많은 이들이 연락을 끊어버렸다. 처음엔 실패자에 외톨이가 되었다는 당혹감, 지인으로부터 배신을 당했다는 절망감, 남들로부터 손가락질 받고 있다는 모멸감 때문에 견딜 수 없었다. 수첩에다 나를 낙인찍은 사람들의 이름을 써놓기도 했다. 하지만 오랜 세월이 지난 후 다 부질없는 일임을 깨달았다. 나도 그들과 다름없는 통속적인 사람이었고 돈으로 얻는 성공만을 목표로 하여 열심히 달려간 결과, 실패라는 결과를 얻은 것뿐임을 알게 되었다. 그래서 내 인생을 다시금 되돌아보게 되었고 솔로몬의 잠언과 전도서를 읽으며 나를 성찰할 수 있게 된 것이다. 그리고는 그토록 울며불며 숨 가쁘게 살아온 지난 날들을 되돌아보며 고든 맥도날드의 《하나님이 축복하시는 삶》의 한 부분을 변형하여 이를 내 식으로 표현할 수 있게 되었다.

"내 인생은 지방 도로상의 여정, 아니 꼬불꼬불한 산길 같은 여정, 심지어 오프로드 같은 여정이었다고 생각한다. 내가 살아온 도로를 보면 직선도로나 고속도로는 거의 찾아볼 수 없다. 나의 인생 여정을 일지로 쓴다면 가로수 충돌, 중앙선 침범, 불법 유턴, 신호등 위반, 과속, 앞차와의 추돌, 덜컹거리는 오프로드, 움푹 팬 구덩이, 이런 것들로 점철되어 있었다. 그리고 그 여정 속에서 괴로움과 번민과 내가 제대로 된 길을 가고 있는지에 대한 의심과 절망감, 혼돈 등으로 가득 차 있었다. 하지만 문득문득 그 속에서 나는 사랑으로 충만하신 하나님을 생각했다. 때때로 주님이 주신 사랑을 생각했다. 그리고 기뻐했고 늘 그분이 지켜주시고 계시다는 희열을 느꼈다. 유감 많은 삶이었지만, 남들이 한없이 부러웠지만 나는 나대로 내 삶의 방식과 여정에 자부를 느끼고 하나님의 간섭과 임재하심을 느꼈다. 내 아들에게 그리 부끄럽지 않은 인생을 살아왔다고 생각한다."

이 고백을 하기까지, 나이 쉰에 인생 이모작을 한다고 신학대학원에 입학하고, 없는 살림에 개척교회를 세우기까지 많은 눈물을 흘렸다. 그리고 우리 성도님들 말마따나 '울보 목사'가 되었다. 하지만 이제 인생이 무엇인지 약간 눈뜨는 것 같아서 다행이라고 생각한다.

아마 솔로몬은 나보다 훨씬 빛나는 멋진 인생을 살았으니 그가 추락할 때 느낀 절망감은 대단했을 것이다. 그 절망감을 극복하며 그는 세상을 바라보는 시각을 고치라고 이야기한다. 돈만 향해 달려가는 우리들에게 3,000년 전 솔로몬이 '사사로운 지혜에 매달리지 말라!'고 진심어린 충고를 하고 있는 것이다.

보이지 않는 감옥

우리는 눈에 보이지 않는 감옥에 갇혀 산다. 미모, 명예, 돈, 집, 남편과 자식, 아내, 연인 등과 관계의 감옥이 우리를 옥죄고 있는 경우가 얼마나 많은지 다들 알고 있을까. 이에 솔로몬은 우리들에게 자신을 가두는 감옥, 혹은 짐에서 벗어나라고 충고한다. 사사로운 지혜에 매달려 본질을 놓치면 인생을 다시 돌이킬 수 없기 때문에 휙 한 번 바람 불면 날아가버릴 가볍고 가치 없는 것들에 절대 매달리지 말라고 충고한다. 자본주의 사회에서 부자 되는 것이 곧 생존의 법칙이요 강력한 생존 수단임은 분명하지만, 솔로몬의 "네가 어찌하여 허무한 것에 주목하겠느냐"라는 말은 새삼 가슴에 와 닿는다.

물론 말처럼 결코 쉬운 일은 아니다. 그러나 한 발 물러서서 우리 주변에서 마음을 내려놓고 자본의 물결을 적당히 피해가며 자신의 삶을 즐겁게 사는 이들도 적지 않음을 보게 된다. 필자의 후배는 다니던 대기업을 갑자기 그만두고 귀농했다. 놀란 필자가 물었더니 그가 말했다.

"선배님 서울살이가 감옥살이 아닙니까? 도저히 견딜 수가 없어서 도망가는 겁니다. 귀농이 좋아서가 아니라 이대로 살다가는 평생 감옥살이만 할 것 같아서요……."

그의 말대로 그는 도망치다시피 지리산으로 내려가 작은 땅을 부치며 사는 농사꾼이 되었고 이미 7년의 세월이 흘렀다. 지금 어떠냐 하면 솔직히 살림은 그리 넉넉해 보이지 않았고, 문화생활이라고는 전혀 누리지 못하고 살고 있지만 그의 얼굴엔 전에 볼 수 없던 평안함이 가득했다. 남들에게 보여주기 위한 삶에서 이제 자신이 즐기는 삶을 살게 된 것이다. 먹고 살기 위해 남을 눌러야 하는 짓을 그만하게 된 것만도 감사하다고 했다.

요즘 제주도가 귀향의 대세인 모양이다. 필자의 후배 시인도 제주도에 정착했다. 대학 교편까지 내던진 그를 보면서 용기가 대단하다는 생각도 들었고 한편으론 무모하다는 생각마저 들었다. 하지만 그 역시 그 삶에 푹 빠져 과거의 명예나 욕심을 다 버리고 산다.

필자와 업무 때문에 만난 적 있던 한 백만장자는 기독교인이 아님에도 신나게 돈을 벌고 열심히 앞만 보고 달려가다가 수년 전 갑자기 일 년간을 안식년으로 정해, 온 식구를 제주도에 데려갔다. 필자는 그가 일 년간 월세를 선금으로 주고 텃밭이 달린 집을 빌려 자연과 벗하며 살아가는 것을 보고 깜짝 놀랐다. 그가 일 년간 벌지 않으면 아마도 수십 억 원의 손해가 날 것이며 거래처도 적지 않게 떨어져나갈 것이 분명하지만 그는 안식을 찾아 제주도로 갔다. 자녀들도 함께 휴학시키고 말이다. 어떤 사람들은 그를 보고 '먹고 살만 하니 그럴 수 있는 거 아니겠냐'고 말할 수도 있다.

그 말도 맞다. 하지만 먹고 살만 한 사람 가운데 거의 대부분의 사람은 앞으로 달려가는 데만 신경을 쓴다. 그러니 이 부자의 유턴은 참 특별하고 멋진 선택인 것이다.

사람이란 본질적인 문제를 제대로 생각해보지도 않고 앞만 보고 달려간다. 솔로몬의 잠언은 그런 우리들에게 딱 적합한 책이다. '정신 차리고 주변을 좀 돌아볼래? 자신을 좀 돌아보지 그래?'라고 말하고 있는 것이다. 그렇게 자신을 지켜가는 이도 주변에 꽤 있다는 것을 알게 된다면 세상을 조금 다르게 살고 싶어지지 않을까 싶다.

스스로 만든 감옥에서 벗어나기

필자가 존경하는 모 선생님은 식사를 하러 일반 식당에 나가길 꺼리신다. 얼굴이 너무 알려져서다. 여러 사람이 찾아와 아는 척하는 것이 부담스럽고 신경 쓰이기 때문이다. 지방 신문사에 가서 강연하신 적이 있었는데 졸업한 제자들과 팬들이 찾아와서 만나기를 원하는 바람에 한동안 발이 묶인 것을 목격하기도 했다. 한 번은 선생님과 한 레스토랑에서 점심 식사를 마치고 나오는데 길가 포장마차에서 붕어빵을 파는 것을 보시고는 "저것 좀 사 먹어볼까?" 하시는 것 아닌가. 팔순이 가까운 어르신의 붕어빵 드시는 모습이 재미있기도 하고 놀랍기도 해 웃은 적이 있다. 그러나 한편으로는 너무 유명한 것은 오히려 감옥이라는 생각이 들어 조금 안타까운 느낌마저 들었던 기억이 난다.

지금은 세상을 떠난 분인데 노태우 정권 시절 장관을 지냈던 한 어르신은 장관직을 내려놓은 지 얼마 후에 친했던 출입 기자들을 불러 식사를 대접하며 이런 푸념을 했다.

"장관이라는 자리가 참 명예로운 자리이기도 하지만 한편으로는 참 부자연스럽고 감옥 같은 자리기도 해. 그만 두면 자연인으로 돌아가고 마는데 평생 OOO장관이라는 꼬리표가 붙거든. 그래서 그동안 만났던 많은 이들에게서 경조사 때마다 연락이 오곤 하는데 한 달 경조사비만 수백만 원이 들어. 운전기사도 써야 하고 꼬박꼬박 이곳저곳에 불려 다니기도 해. 능력 있는 누구는 나갈 자리 다 만들어 놓고 그만 두는데, 나는 아무런 준비를 못 해서 걱정이야."

그 순간 그 장관의 얼굴에 수심이 가득했다. 참 안돼 보였다. 자본

주의 사회에서 은퇴한 장관으로 살아간다는 것이 큰 짐이 되고 있구나 싶었다. 그러나 필자가 아는 다른 장관 출신의 어르신은 지하철도 타고 버스도 탄다. 손수 카메라도 들고 고궁에 가서 사진도 찍고 산책 온 다른 노인들과도 담소를 나눈다. '난 장관 출신일세' 하지 않는 그의 소탈한 모습이야말로 스스로를 감옥에 가둬두지 않는 현명한 처세라고 생각한다.

잠언의 한 구절이다. "어진 여인은 그 지아비의 면류관이나 욕을 끼치는 여인은 그 지아비의 뼈가 썩음 같게 하느니라(잠언 12:4)."

하지만 어찌 여인에게만 해당되는 말이겠는가. 남편도 동일하게 적용되는 문제일 것이다. 우리는 저마다의 감옥에 갇혀 산다. 부부의 감옥도 있다. 한 후배는 부부싸움을 한 번 하면 석 달 간 서로 말을 하지 않는다고 했다. 그토록 불통인 사이가 어떻게 오래갈 수 있을 것인가? 결국 이혼하고 말았다. 다른 후배는 8년째 별거 중인데 부부가 자식 문제로 만나기만 하면 아직도 싸우곤 한다. 한 친구는 이혼한 지 10년이 넘었는데도 부인 이야기만 하면 몸서리를 친다. 그래도 이들은 갈라져서 어쩌면 다행인 줄도 모를 일이다. 같이 살면서 말도 안 하고 속내도 안 보여주고 마음의 문을 꼭 닫고 사는 부부가 많기 때문이다.

내 직업 때문에 많은 이들과 서로의 고민을 이야기하면서 사람마다, 그리고 부부마다 고민거리 상담거리가 얼마나 많은지 비로소 알게 되었다. 또한 서로 남남처럼 사는 부부가 얼마나 많은지 알게 되었고 배우자의 불륜이나 폭행, 독단적인 일처리, 언어폭력, 편애 등 가정 문제가 얼마나 서로를 감옥에 가두게 하는지 정말 깊이 깨닫게 되었다. 내 젊은 시절을 돌이켜보면 아내에게 미안한 마음이 간절히 들곤 했다. 어디 부부만이겠는가? 자식이 짐이고 감옥인 이들도 많다. 속을 썩이고 사고를 저지르는 자녀들로 인해 눈물짓고 고통받는 부모도 있고 형제로 인해 경제적으로 사회적으로 힘들어 하는 이들도 있다.

그저 텔레비전 연속극에 등장하는 이야기로만 알았던 이런 슬픈 현실이 실제 우리들 주변 곳곳에 산재해 있다. 어쩌면 이 책을 읽는 분들 가운데도 이런 고통을 겪고 계실지도 모를 일이다. 안타까운 일이다.

3

옳다고 믿는 것을 행하는 즐거움

> 공의와 인자를 따라 구하는 자는 생명과 공의와 영광을 얻느니라
>
> _ 잠언 21:20

행복은 그리 멀지 않은 데 있으나 실천하기는 너무도 멀다. 성경을 읽고 살피며 얻은 결론이 바로 이것이다. 솔로몬은 '정의' '신의' '공의' 이런 것들이 하나님의 속성이라고 여겼다. 사람은 도덕적으로 부패하기 쉽고 거짓과 유혹에 휘둘리는 부족한 존재들이다. 그러나 힘써서 어려운 환경을 딛고 이런 것들을 추구하는 인물에게는 하나님이 그에게 존경과 행복을 허락해준다고 믿은 것이다.

솔로몬은 고대 중근동 지역에서 널리 소통되었던 왕권신수설을 믿었다. 하나님이 왕의 자리를 만든다고 본 것이다. 당시 이스라엘을 포함한 고대 중근동 왕들은 자신에게 신적 권위를 지닌 심판권이 있다고 보았는데 솔로몬은 특히 그런 인물이었다. 그러므로 이

런 신적 재판권을 지닌 이들에게 요구되는 것은 공의로움과 지혜로움이었다. 그것은 지켜 행하기는 어려워도 버리기는 쉽다. 그러므로 애써서 이를 실천하려는 노력이 필요한 것이다.

| 옳은 일에 대한 신념

요셉이라는 지금부터 거의 4,000년 전 인물 이야기다. 아브라함의 증손자이고 이삭의 손자이며 야곱의 열한 번 째 아들이다. 그는 어릴 때부터 총명하여 형들에게 질투를 받았다. 서로 배다른 형제들은 나쁜 일, 예를 들자면 동생을 시기하거나 미워하고 노예로 파는 일에는 관심을 보였으나, 좋은 일을 하거나 아버지 말씀에 순종하는 일에는 그렇지 않았다.

야곱은 자신의 네 부인 가운데 요셉의 어머니 라헬을 특히 사랑했다. 요셉은 야곱 말년에 라헬이 낳은 아들이었으니, 야곱이 요셉을 얼마나 예뻐했을까를 짐작하기란 그리 어렵지 않다. 어느 날 들에서 양을 치고 있는 자신들을 찾아온 요셉을 보고 형들이 장난삼아 농지거리를 시작한다.

"저 자식 꼴도 보기 싫은데 내다 팔아버릴까?"

"아니야, 아예 죽여버리자!"

"그래 그게 좋겠어!"

장난은 급변하여 어느새 요셉의 목숨은 풍전등화 신세가 되었다. 르우벤은 그래도 맏아들이라고 요셉을 죽이는 극악한 짓은 하지 말자고 말린다. 그 바람에 목숨을 건진 어린 요셉은 대신 지나가는 카라반들에게 노예로 팔렸다. 성경에 자세히 나와 있지는 않으나 이 뻔뻔한 형들은 아마 푼돈을 챙겼을 것이다.

요셉은 노예로 팔렸지만 그 품성은 착하고 지혜로웠다. 카라반에 팔린 그는 이집트에서 파라오의 경호대장 보디발 집의 노예로 다시 팔렸다. 그곳에서 요셉의 품성은 확실하게 빛나기 시작했다.

그가 얼마나 성실하게 일했던지 보디발은 그에게 집안일 전체를 관리하는 중책을 맡겼다. 그곳에서 씩씩하고 멋진 청년으로 자라난 요셉은 한 가지 큰 시험을 만나게 된다. 매일 궁전에 가서 파라오를 지키고 있는 남편 보디발을 기다리다 지친 보디발의 아내는 날마다 이 멋진 청년을 바라보는 재미로 살고 있었다. 어느 날 이 청년의 마음을 사로잡고자 결심한 보디발의 아내는 요셉을 유혹하기 시작한다. 그러나 요셉은 유혹이 더는 확대되지 않도록 여인의 행동을 차단시킨다.

"내가 어찌 이 큰 악을 행하여 하나님께 죄를 짓겠습니까?"

그는 하늘에서 살피시는 전능하신 하나님을 생각하며 자신을 단단히 추슬렀다. 그러자 보디발의 아내는 자신의 음행이 탄로 날까 하여 요셉이 성추행을 하려 했다며 오히려 그를 고발했다. 그 결과 요셉은 옥에 갇히게 되었다. 옳은 일을 했는데 도리어 옥에 갇히는 곤경에 처한 것이다.

악한 일에 관한 징벌이 속히 실행되지 아니하므로 인생들이 악을
행하는 데에 마음이 담대하도다

_ 전도서 8:11

정말 그렇지 아니한가? 잠언의 저자 솔로몬은 세상 돌아가는 이
치를 꿰뚫고 있어 전도서에서 권선징악이 속히 이루어지지 않는 세
상의 답답함을 표현했다. 요셉도 인고의 세월을 기다려야 했다. 제
법 많은 시간이 지난 후 옥에서 풀려났고 파라오의 꿈을 슬기롭게
해석한 공로로 이집트의 총리대신이 되었다. 이후 그는 자신을 팔았
던 형제와 사랑하는 아버지를 이집트 땅으로 데려와 굶주림을 면하
게 해주었고 75명의 집안을 200만 명으로 키워 이스라엘이라는 국
가의 초석을 세웠다.

그는 이집트 총리대신 시절에 7년 풍년 동안 모든 농민들이 거둔
식량을 사들여 비축했다. 그러나 계속되는 풍년인데 나랏돈을 써 곡
식을 사들였으니 나라 안팎에서는 말이 많았을 터다. 게다가 7년 풍
년의 넘치는 곡식을 쌓아둘 곳도 마뜩하지 않았을 테니 관리들의
불평은 들어보지 않아도 뻔했다. 하지만 숱한 비난에도 요셉은 자신

의 길을 걸었다. 전국에 곡식 저장 시설을 설치했고, 곡식을 운송하기 위해 새로운 길을 만들고 더불어 나일강을 활용했다. 요셉이 그렇게 곡식을 사들이고 저장한 결과, 7년 풍년 이후 연속 7년 동안 혹심한 가뭄으로 인한 흉년이 계속되었을 때 이집트만은 풍요로운 삶을 이어갈 수 있었다. 요셉은 그동안 준비해둔 곡식을 백성들에게 먹임으로써 흉년을 슬기롭게 이긴 지혜로운 자로 평가를 받았다.

무릇 지도자라면 비난과 비판을 겁내지 말고 자신의 소명을 묵묵히 실천해갈 수 있어야 한다. 요즘 정치권에서 한 마디만 뭐라고 하면 부르르 떨며 곧바로 반응하는 이들, 매일같이 원칙을 저버리고 심지어는 자신이 정한 규칙조차도 헌신짝 버리듯 하는 이들을 보노라면 실소를 금할 수가 없다.

모두가 아니라고 해도

취재 기자 시절 서울 상계동에서 전통 공예가 한 분을 만난 적이 있다. 그 분은 누구 하나 알아주지 않는 사회 분위기 속에서도 소반 만들기를 계속하여 한국 소반의 전통이 명맥을 유지할 수 있게 했다. 어떻게 이 어려운 외길을 걸어오셨는가 여쭈었더니 책 한 권 때문이란다.

"이 책의 저자가 일본인인데도 한국의 전통 공예를 사랑해서 이런 책을 남겼어요. 나는 제대로 배우진 못했지만 이런 사람처럼 살고 싶었어요. 평생 이 사람은 조선만 사랑했답니다. 그 전쟁광들이 시퍼렇게 살아 있던 시절에 일본인으로서 조선을 너무도 사랑했다니 놀랍잖아요?"

아주 오래된 문고본 한 권이었는데 한자로 '조선의 소반'이라고 적힌 일본 책이었다. 일본어를 전공한 까닭에 그 책을 대략 읽을 수 있었는데, 읽으면서 흥분의 도가니에 빠졌다. 저자 이름은 아사카와 다쿠미로 그 책은 1938년도 판본으로 기억한다. 필자는 그날 처음 우리나라 소반의 역사를 알게 되었다. '어떻게 일본인이 이런 책을 쓸 수 있었을까? 그리고 일본에서 출간된 이 책이 어떻게 한국까지 왔으며 다시 이렇게 한국의 대표적 소반 명장을 길러내게 된 것일까?' 나는 놀라지 않을 수 없었다. 그리고 아사카와 다쿠미라는 인물에게 깊은 매력과 존경을 느끼게 되었다. 그 책의 첫장에는 이런 내용이 있었던 것으로 기억한다.

"조선의 소반은 순박하고 아름답다. 소반은 사람들 일상에 친절하게 봉사하고 세월이 흐르면서도 우아한 멋을 날로 더해 간다. 그러니 소반이야말로 공예의 표본이 아닌가."

제대로 옮긴 것인지는 모를 일이나 분명히 이런 맥락인 것으로 기억한다. 아사카와 다쿠미는 원래 조선총독부 임업시험장의 관리였다. 그가 한국의 전통 멋에 빠지면서 진정한 한국 '마니아'가 된 것은 분명하다. 물론 일본인이고 총독부 관리였으니 조선 수탈에 책임이 없다고 말할 수는 없겠지만 식민지의 돈과 명예를 탐하던 일본인이 다수였던 그 시절에 식민지의 전통 문화 발굴과 조사를 위해 평생 애쓴 공은 결코 무시할 수 없을 것이다.

제국주의 망령이 온 세상을 뒤덮을 때 세상 흐름을 등지고 홀로 조선의 산과 수풀과 전통과 문화를 사랑하는 일이 과연 쉬웠을까? 나는 늘 세파에 휘둘리는 내 삶에 비하면 그의 삶이 너무도 고귀하다고 생각한다. 1931년 4월 2일, 급성폐렴으로 마흔의 나이에 세상을 떠난 그는 망우리에 묻혔다. 그의 상여가 망우리로 가던 날, 조선 사람들이 서로 상여를 메겠다 했다 하니 그의 사람됨을 엿볼 수 있다. 그의 묘비에는 이렇게 쓰여 있다.

"한국의 산과 민예를 사랑하고 한국인의 마음속에 살다간 일본인, 여기 한국의 흙이 되다."

옳다고 믿는 것을 계속한다면 그것이야말로 보람 있는 일이고 행복한 일일 게다. 고난과 비판이 뒤따를지라도 그 길을 계속한다면 언젠가는 성공하게 되고 이름도 행복도 얻을 수 있지 않을까? 이런 희망도 없다면 우리가 살아가야 할 이 세상이 너무 삭막하지 않은가? 솔로몬은 3,000년 전에 이런 사실을 간파했다. 그리고 잠언을 통해 이렇게 썼다.

많은 재물보다 명예를 택할 것이요 은이나 금보다 은총을 택할 것
이라

_ 잠언 22:1

이 역시 공동번역은 좀더 쉽게 다가온다.

명예는 많은 재산보다 소중하고 존경받는 것은 금은보다 낫다.

_ 잠언 22:1(공동번역)

그러나 명예를 지키는 것이 더 어렵고 고달프다는 것을 우리는
다 알고 있기 때문에 역경을 이기며 애써 옳은 일을 행하는 사람들
과 명예를 지키려고 노력하는 이들에게 박수를 보내게 되는 것이다.

절제된 삶이 주는 행복

한경직 목사는 이 시대가 낳은 최고의 성직자 가운데 한 분이다.
필자는 그 아래서 성경을 공부한 세대다. 이미 돌아가신 지 한참 되
었지만, 생전 그의 설교는 큰 위로가 되고 복이 되었다. 필자는 그
가 몸 담은 영락교회에서 결혼하고 그곳에서 신앙의 기초를 배웠
다. 그의 설교는 솔직히 재미가 없었지만 삶이 워낙 성직자다웠기

에 설교 한 마디 한 마디가 모두 깊은 감동으로 다가왔던 것으로 기억한다.

사람들은 동서고금을 가릴 것 없이 누군가에게 의지하고 싶어 한다. 차라투스트라가 외쳤던 초인의 모습을 우리들은 기다리고 또 기다린다. 초인은 성자고 어른이다. 우리가 본받고 싶어 하는 큰 그릇이다. 그런 면에서 한경직 목사는 충분히 본받을 만하다.

한경직 목사는 1992년 4월 29일 종교분야의 노벨상이라 불리는 템플턴상을 수상했다. 템플턴상은 마더 테레사, 솔제니친, 빌리 그레이엄 등이 받았던 세계 종교계의 가장 권위 있는 상이자 명예로운 상이다. 그러나 한경직 목사는 템플턴상 수상 후 국내에서 베풀어진 수상 축하 자리에서 오히려 자신을 비웠다.

"나는 죄인입니다. 나는 신사참배도 했습니다."

축하하러 온 수많은 사람들 앞에서 그는 고개를 숙이고 자신의 죄를 회개했다. 그럼에도 그 자리에 온 하객들 누구도 그를 비난하지 않았다. 오히려 그의 고백에 놀라 눈물을 흘리고 함께 자신의 삶을 돌이키는 회개의 기도까지 있었다. 그랬다. 가장 높은 자리에 올라 영광과 명예를 누릴 수 있을 때 스스로를 무너뜨리며 가장 낮은 자리로 내려간 사람이 한경직이었다.

일제강점기 때 신사참배는 한국 교회의 신앙을 테스트하는 놀라운 시험대였다. 그는 일제에 반대했기에 교단을 떠나 4년간의 암흑

기를 지내야 했고 옥고도 치렀다. 그런 면만 알려져 있었기에 그의 신사참배 고백은 너무나 충격이었다. 그러나 그는 자신에게 가해질 비난을 무시하고 자신을 버려 한국교회와 기독교인들의 자성을 외친 것이었다. 신사참배를 했다고 굳이 고백할 이유가 없었지만, 은퇴한 노 목사는 이 고백으로 한국 사회에서 더 큰 어른으로 대접받게 되었다.

솔로몬은 3,000년 전에 우리에게 이렇게 충고했다.

타인이 너를 칭찬하게 하고 네 입으로는 하지 말며 외인이 너를
칭찬하게 하고 네 입술로는 하지 말지니라

_ 잠언 27:2

한경직의 삶은 청교도의 삶 그 자체였다. 20세기의 산 증인으로 그는 혼탁하던 시절에 홀로 자신이 추구해온 청교도적 가치를 꿋꿋하게 지켰다. 그의 설교에는 윤리가 없다. 지금 내로라하는 설교가의 설교와 비교해보면 한 목사의 설교는 너무 진부하고 평범해보일 것이다. 그럼에도 기독교계 언론인 125명으로부터 가장 존경받을 만한 개신교 성직자로 꼽혔다.

그의 삶은 청빈의 삶, 그 자체였다. 영락교회에서 사택으로 지어준 집이 너무 크다 하여 남한산성 근처의 18평짜리 좁은 집에서 여

생을 보냈다. 사례금은 삼분의 일쯤 쓰고 나머지는 교회로 돌려보냈다. 그의 한 겨울 파카는 소매가 닳아 너덜너덜했고 가죽 털신의 가장자리는 해져 없어졌다. 그의 허리띠 금장은 벗겨진 지 오래고 끝은 해져 터져 있었다. 수많은 집회를 다녔지만 사례비를 받지 않았고 저금통장 하나 만들지 않았다.

더 놀라운 것은 그가 한국 최초의 대형교회를 세운 목사였음에도 대형교회를 유지하려고 노력하지 않았다는 점이다. 그는 교회에서 버스를 운영하지 못하게 했다.

"먼 곳에 사시는 분은 굳이 여기까지 오시지 않아도 됩니다. 신앙은 가까운 곳에서 섬기시는 것이 좋습니다."

그 결과 영락교회는 대형버스를 운영하지 않았다. 더 커질 수 있을 때 그는 교회의 양적 성장 욕심을 버렸고 사회적 명예나 지위를 탐하지 않았다. 지금의 대형교회는 시내 백화점보다 못한 존재로 비난받고 있다. 세상에서 가장 고도의 마케팅 기술을 활용하는 대형백화점도 각 지역 슈퍼마켓의 생존을 위협한다고 해서 백화점 버스 운용을 절제하고 있다.

그런데 예수의 '버림의 신학'을 이어받아야 할 한국교회는 버젓이 대형버스 수십 수백 대를 운용하여 변두리에 사는 신도들까지 긁어모은다. 이로써 한국교회는 전형적인 빈익빈 부익부의 계층화 계급화된 '교회 사회'로 변질되고 있다. 개척교회와 작은 교회들의 신도들이 수평 이동하여 대형교회로 몰린다. 한경직 목사의 가르침을 후배 목사들이 이어받았다면 오늘날 한국교회의 대형교회 비판은 지금보단 훨씬 수그러들었을 것이다.

그는 프린스턴신학교 대학원 출신이다. 유학파가 드물던 시대, 그는 마음만 먹으면 대학교에서 교편을 잡아 일생을 편하게 살 수 있었던 때였다. 유혹도 적지 않았다. 그러나 그는 목회 현장으로 달려가 대중과 함께 호흡했다. 프린스턴신학교는 지금도 그의 청교도적 삶을 기려 '모교를 빛낸 동창'으로 그의 초상을 신학교 도서관에 걸어 놓고 있다. 그만큼 그의 삶이 성직자 본연의 모습을 지켰다는 증거다. 게다가 대형교회 목사들이 너도나도 자신의 자리를 세습시켜 시끄러워지기 한참 전에, 이미 자신은 아들을 아예 해외로 보내 영락교회에는 발을 들여놓지 못하게 했다. 절제된 삶을 실천하는 자에게서만 맛볼 수 있는 진정한 멋이었다.

그래서 오늘날 후학들이 한경직 목사에 대해 한결같이 마음이 지혜롭고 선한 '행복한' 어른이었다고 입을 모으는 것이다. 비록 가난하고 힘든 세월을 살았으나 그는 가장 행복한 성자였다. 솔로몬은 모든 것을 누리고도 이 행복을 진정 맛보지 못했을 것이다. 그가 말년에 지은 전도서에 행복에 대한 진한 회한이 남아 있는 것을 볼 수 있다.

그가 비록 천 년의 갑절을 산다 할지라도 행복을 보지 못하면 마
침내 다 한 곳으로 돌아가는 것뿐이 아니냐

_ 전도서 6:6

4

잔칫집보다 초상집이 행복

> 악인은 그의 환난에 엎드러져도 의인은 그의 죽음에도 소망이 있느니라
>
> _ 잠언 14:32

죽음에 소망이 있고 행복이 있다? 무슨 소린가 싶은 분도 계실 법하다. 어려운 이야기다. 요즘처럼 남을 배려하고 챙기기보다 나를 앞세우는 시절엔 더욱 그러하다. 살 때 잘살아야지. 죽은 정승이 살아 있는 개보다 못하다는 이야기도 있지 않은가? 그러나 솔로몬은 '죽음에도 소망이 있다'고 충고한다. 과연 무슨 이야기인가?

평등한 죽음 앞에서 당당해지기

어릴 때는 필자 또래들은 죽음이란 존재가 남의 집 개나 고양이보다 더 관심 없는 존재였다. 학교에 갈 때 이웃집에서 상여가 나가는

모습과 마주치면 놀라서 얼른 달아나거나 소금을 뿌리고 침을 뱉을 정도로 죽음 그리고 그와 관련한 광경을 싫어했다. 그러나 나이를 먹고 주변 어르신들의 죽음을 만나고 가까운 지인들이 세상을 떠나는 모습을 보면서 죽음이란 존재가 얼마나 가까이에 있는지를 절실히 느끼게 되니 죽음을 깊이 생각하게 되었다.

2, 3년 전 가까운 친구 둘이 세상을 떠났을 때는 며칠 간 밥술을 제대로 뜨지 못했다. 둘 다 교분이 많았던 친구였는데 갑자기 준비되지 않은 죽음을 맞았다. 얼마나 놀라고 황당했던지, 평소에 죽음에 대해 자주 설교하는 직업을 가졌음에도 죽은 사람과 이별이 그리 쉽지 않았고 만만치도 않았다. 나 같은 필부의 생각도 그러한데 솔로몬은 오죽했을까.

솔로몬은 죽음에 대한 생각을 다른 보통 사람들과는 달리 하고 있었다. 그는 죽음 자체보다 죽음 뒤편에 있는 그 무엇을 소망한 인물이었다. 그리고 죽음이야말로 얼마나 허망한 것인지 한편으로 인생이 얼마나 허무하고 헛된 것인지 깨닫고 이를 진심어린 목소리로 충고했다. 그 진지한 이야기를 그는 잠언이 잠언과 이웃한 전도서에서 밝혔다.

초상집에 가는 것이 잔칫집에 가는 것보다 나으니 모든 사람의 끝이 이와 같이 됨이라 산 자는 이것을 그의 마음에 둘지어다

_ 전도서 7:2

지혜자의 마음은 초상집에 있으되 우매한 자의 마음은 혼인집에 있느니라

_ 전도서 7:4

이 짧은 교훈 앞에서 우리는 장례식이 끝나고 묘비명 앞에 서서 옷깃을 여미는 심정이 된다. 솔로몬은 이처럼 죽음이란 단어에 대해 상당히 예민한 모습을 성경 곳곳에서 보여주었다.

그가 비록 천 년의 갑절을 산다 할지라도 행복을 보지 못하면 마침내 다 한 곳으로 돌아가는 것뿐이 아니냐

_ 전도서 6:6

그렇다. 죽음 앞에서 그 누가 당당해질 수 있을까? 필자는 기독교식 장례의 집례를 부탁받으면 마지막까지 남아 장례예배를 주관하게 된다. 그리고 납골당이나 묘지 앞에서 가족들이 슬피 울며 흐느끼는 모습을 보곤 한다. 모든 문상객들이 다 떠나고 빈 묘지, 낯설고 외롭고 차가운 흙속에 가장 사랑하던 사람의 주검을 내려놓고 떠나야 하는 이들의 모습을 대하곤 하는 것이다. 차마 발길이 떠나지 않

아 애처롭게 울부짖는 사람들, 눈물을 감추고 달리듯이 그 자리를 피하는 사람들, 서로를 부둥켜안고 슬퍼하는 사람들, 이들 가운데서 필자는 인생의 마지막이 어떤지를 실감하고 또 실감한다.

생각해보면 죽음 앞에선 누구나 평등한 듯하다. 금세기 최고의 기독교 목회자 가운데 한 명으로 평가받고 존경받은 마틴 로이드 존스 목사는 영국 왕 조지 6세의 장례 때 모든 사람이 죽음 앞에서 평등하다는 말로 죽음 앞에 서는 인간의 모습을 묘사한 바가 있다.

조지 6세는 여느 영국 왕처럼 비난과 존경을 동시에 받던 인물이 아니었다. 말더듬이로 시작해 명연설가로, 왕위를 억지로 떠맡았으나 왕직을 성실히 수행해 전 세계에 영국 왕실의 위엄을 보여주었고 군주의 자리가 어떤 자리인지를 실천해 보였던 작은 영웅이었다. 그는 제2차세계대전 중 나치의 브이 로켓이 쏟아지는데도 버킹엄 궁전을 떠나지 않고 의연히 런던과 나라를 지켜 국민들의 사랑을 받았던 인물이었다.

그런데 그 슬프고 엄숙한 자리에서 마틴 로이드 존스 목사는 왕도 죽고 평민도 죽고 부자도 죽고 가난한 이도 죽는다고 일갈했다. 이 장례사를 들은 영국 국민들은 아연실색했을지도 모를 일이지만 가장 평범하면서 가장 중요한 진리를 그처럼 서슴없이 쏟아낼 수 있었던 마틴 로이드 존스 목사야말로 정말 담대하고 소신이 뚜렷한 사람이었다.

그럴 리가 절대 없을 테지만, 만약 내가 전직 대통령의 장례식장에서 추도사를 맡는다면 과연 그처럼 말할 수 있을까? '우리 대통령님은 위대하시고 많은 업적을 남기셨으며', 그렇게 주저리주저리 아부를 떨며 주책을 부렸을지도 모를 일이다.

이야기가 잠시 빗나갔지만 죽음이야말로 인생에서 가장 극적인 장면이며 가장 슬프기도 하고 가장 경건한 장면이기도 하다. 솔로몬은 이 이야기를 교훈으로 남겨두고 싶어 했다. 잔칫집처럼 즐거운 것만 인생에 가득한 것은 아니다. 잔칫집에서 만나는 기쁨보다는 초상집에서 만나는 죽음이야말로 인생의 쓰고 단 맛을 다 맛보고 저세상으로 간 사람을 생각하며 추모하고 동시에 자신의 삶도 돌아보게 한다고 말하고 있는 것이다.

하지만 많은 이들은 장례식에 가기보다 결혼식에 가길 좋아한다. '죽음'은 왠지 피하고 싶은 말이고 내게는 해당되지 않기를 바라는 말이다. 누구에게나 축하의 말은 하기 쉬워도 위로의 말은 참 하기 어려운 법이다.

솔로몬은 한평생 최고의 권좌에서 살았기에 누구보다 죽음을 가장 아쉬워했을 만한 사람이다. 그는 세속적인 면에서 인생을 누구보다 성공적으로 살았기에 다른 어떤 이보다 죽기 싫었을 것이다. 진나라 시황제가 중국 전역을 통일하자, 불로초를 구하기 위해 사람들을 여기저기로 내보냈다. 또한 시황제는 그것을 비난하던 사람들을 가차 없이 죽었다. 세상에서 잘나가는 사람일수록 얼마나 세상에 미련이 남겠는가. 얼마나 죽고 싶지 않겠는가.

필자는 젊은 시절에 우연히 우에다 미요지라는 일본 와카 작가의 수필집을 번역해 책으로 낼 기회가 있었다. 와카는 우리나라 시조라고 생각하면 되는 운문인데 짧지만 강렬한 뒷맛과 음미할 만한 깊은 의미를 품고 있어 일본 국민들로부터 오랫동안 사랑을 받고 있다.

그 책에 소개된 와카 중 하나가 유독 기억에 남았다. "바보처럼 나를 쫓는 초저녁달이 높다란 나뭇가지를 빠져 나가고 있네. 눈 개인 저녁 하늘 애처롭게 야윈 초승달이 서쪽으로 지네." 원문은 잊어버렸고 대략의 내용이 이런 와카였는데 와카의 특성상 여러 가지 해석이 붙곤 한다. 어떤 와카는 해석만 수십 페이지에 달하기도 한다. 그런 많은 해석들 가운데 이 와카에 대한 해석 하나는 이런 것이었다.

"나를 쫓는 초저녁달은 운명이란 존재다. 이 운명적 존재는 바로 와카 작가 자신이다. 그가 운명의 가시와 고통의 나뭇가지 사이를 겨우 겨우 빠져나가며 몸부림치고 있는데 그 달은 알고보니 서쪽 하늘에 떠 있는 초승달이다."

초승달은 사실 해가 뜬 직후 곧바로 동쪽하늘에서 떠올라 종일토록 나와 있으나 모양도 작은데다가 태양과 가까이 붙어 있어서 낮에는 좀처럼 보기가 힘들다. 그러다가 밝은 태양이 질 무렵 서쪽하

늘 태양 위쪽에서 관측할 수 있다. 그러니 초승달이 서쪽에서 뜨는 것처럼 보이는 것뿐이다.

1923년에 태어난 우에다 미요지는 교토대학 의학부를 나온 의사이자 과학도였고 또 문예평론가이자 시조 작가였다. 그는 달이 뜨고 지는 이치를 너무도 잘 알았다. 초승달은 태양처럼 떠 있으나 잘 보이지 않는다. 인생도 그러하다. 자기 인생을 잘 생각해보니 초승달과 똑같이 떠 있음에도 떠 있는 것 같지 않고 죽음에 임하려 하니 그때서야 인생이란 존재가 어슴푸레 보이기 시작하는 것이다. 그러나 사실 초승달은 곧 지고 말 것이다. 내 삶도 결국 그런 것 아닌가.

우에다 미요지는 이것을 깨달은 후 죽음을 초연하게 맞았다. 그는 한창 활동할 때 암 선고를 받았지만 기적적으로 재활해 다시 작품을 쓰게 되었고 그 경험을 작품에 많이 남겼다. 암 선고 이후와 이전의 그는 확연히 달랐다. 죽음이란 존재는 사람을 경건하게 철학적으로 만들고 마는 존재인 것이다.

그는 의사로서 많은 죽음을 접한 직업인이었으나 정작 자신의 죽음을 가까이 하고서야 비로소 진정한 초상집의 분위기를 맛볼 수 있었다고 고백했다. 그래서 그가 붙인 수필집 제목이 '죽음에 임하는 태도'였다. 매일 걷던 산책길이 달라 보이고 매일 만나던 가로수 나무가 달라 보였다는 것이다. 매일 잔소리를 하고 까다로운 모습만을 보여주었던 자신의 모습을 깨닫고 아내에게 미안해했고 매일 만

나는 하천의 변하는 모습이 싫어 눈물을 흘리기도 했다. 그리고 죽음이야말로 마지막이 아니고 새로운 시작이라고 애써 자위해보는 그의 모습을 발견할 수 있었다.

　누구보다 많이 배웠고 죽음을 다루었던 무신론자의 죽음이 이 정도이니 유신론자인 우리로서는 말할 것도 없을 것이다. 초상집에선 그래서 배울 것이 더 많은 법이다.

┃ 늘 끝이라 생각했지만 새로움의 시작이었다

　세상을 살며 성공과 실패를 이런 저런 모습으로 겪다보니 이른바 계시라는 것을 깨닫게 되었다. '계시'란 말은 원래 '자기를 현시하다'라는 의미의 그리스어, '아포칼립시스apokalypsis'에서 유래한 단어다. 자신을 드러낸다는 이 말에서 기독교 신학이 빛을 드러낸다. 창조주 하나님이 자신의 세상을 창조하고 그 백성들과 우주 만물에 자신이 있음을 드러낸 것이 바로 '계시'다. 기독교 신학의 계시에는 자연계시와 특별계시가 있는데 처음 대학원에서 신학을 배울 때 '아름답고 장엄한 그랜드캐니언을 보거나 금강산을 눈으로 보면서 위대한 신을 느끼게 하는 것이 자연계시'라고 배운 적이 있었다. 그런가보다 했지만 실제로 그것을 몸으로 체험하거나 느낀 적은 별로 없었다. 머리로는 이해했지만 가슴으로는 이해되지 않았던 거다. 그런데 어느 날 갑자기 자연계시를 체험할 수 있는 아주 자그마한 사건을 경험했다.

수년 전 이어령 선생님을 뵈었을 때 한 대학교 졸업식 축사 때 "졸업은 끝이 아니고 시작입니다"라고 말씀을 전했다는 이야기를 듣게 되었다. 퍼뜩 정신이 들었다. 아! 인간 세상 모든 것이 그와 같은 이치로구나. 우리가 시작이라고 생각하지만 그것이 곧 끝이고, 끝이라고 생각하지만 그것은 곧 시작이라는 사실을.

우리는 고등학교 시절, 고등학교를 졸업하기만 하면 모든 것이 다 이루어질 줄 알았다. 그래서 간신히 졸업했더니 대학교 입학이 기다리고 있었고, 대학교를 졸업하고 나니 취업의 고행이 기다리고 있었다. 결혼도 마찬가지다. 결혼만 하면 행복 시작인 줄 알았는데 다시 삶의 높은 파고가 시작되었다. 늘 끝이라고 생각했지만 그것은 새로움의 시작이었다.

처음 성경을 읽으면서 사실 뭐가 뭔지 잘 몰랐다. 그러나 깊이 파고들면 들수록 인생의 참 의미를 깊이 깨닫게 되었다. 죽음은 인생이 끝이 아니고 다시 시작이라는 사실이었다. 기독교에서는 내세가 있음을 가르쳐왔다. 죽음은 끝이 아니고 영혼의 삶은 영원하다.

누구보다 감수성과 문학성이 예민했던 솔로몬은 인생의 헛된 의미를 깨달으며 잠시 세상에 와서 살다가 영원한 생명의 나라로 들어가야 한다는 사실이 너무 속절없었을 것이다. 특히 그는 어느 누구보다 부와 권력과 명예를 누렸던 자 아니던가. 가진 게 많으면 버리기가 그만큼 어려운 법이다. 그러나 그는 그 모든 것이 헛되고 부질없는 존재임을 깊이 깨달았기에 후손들에게 그리고 이 잠언을 읽는 독자들에게 인생의 참 교훈을 남긴 것이다. 잔칫집에 가기보다 초상집에 가는 것이 더 많은 인생의 교훈을 얻을 수 있다. 탈무드 교훈이 새삼 새롭게 다가온다.

"매일 오늘이 너의 마지막 날이라고 생각하라!"

그 마지막 날은 다시 생각하면 시작의 날이기도 한 것 아닌가. 행복은 멀리 있는 것이 아니라 이를 깨닫는 데서부터 시작되는 것이다.

5장

솔로몬이 처세를 말하다

1

청년들에게 주는 선물

사악한 자의 길에 들어가지 말며 악인의 길로 다니지 말지어다

그의 길을 피하고 지나가지 말며 돌이켜 떠나갈지어다

_ 잠언 4:14-15

솔로몬은 청년들에게 특별한 관심을 기울였다. 청년들을 유혹하는 많은 함정들이 세상에 널려 있기 때문이다. 존 C. 라울의 이야기가 의미심장하다. "오랜 우화가 있다. 나비가 부엉이에게 자신의 날개를 태운 불을 어떻게 해야 할지를 물었다. 그러자 부엉이는 연기나는 곳은 쳐다보지도 말라고 충고했다."

일탈과 자유의 한계

필자는 우연히 교회와 관련된 이야기를 듣다가 철조망을 처음 만

든 이는 군인이 아닌 목동들이란 이야기를 듣고 깜짝 놀란 적이 있다. 이 이야기가 얼마나 정확한지는 모르겠으나 처음과 끝을 들어보니 그럴 듯한 것이 제법 설득력이 있었다.

철조망은 양들이 밖으로 빠져나가지 못하도록 만든 족쇄가 아니라는 것이다. 양들 입장에선 밖으로 나가보고 싶고 맛난 풀도 더 뜯으러 더 멀리 가고 싶은데 철조망이 이를 막는 장애물로 인식될 것이 분명하다. 하지만 사실은 철조망에 두 가지 기능이 있는데 그 하나는 양들이 목동이 돌보는 범위 밖으로 나가다가 골짜기로 떨어지거나 길을 잃고 다치는 것을 방지하는 것이다. 또 하나는 이리나 여우, 심지어 더 큰 맹수들이 양들을 공격하지 못하도록 하는 일종의 방어망이라는 것이다.

다 듣고 나니 그 이야기가 참 가슴에 와 닿았다. 양들의 입장에서 생각하면 자신들에게 철조망이라는 것은 자유를 구속하는 장치다. 넘을 수 없는 구속의 도구가 철조망이라고 생각하기 때문이다. 하지만 잘 살펴보면 그 철조망 때문에 양들이 살고 있고 생명을 유지하는 것 아닌가? 그 철조망이 없다면 맹수의 밥이 되기 쉬울 것은 자명한 일이다. 인생도 마찬가지 아닌가.

우리는 늘 일탈을 꿈꾼다. 도전이라는 이름 아래에 생명을 위협할지도 모를 위험한 행위나 도덕을 넘어서는 해로운 짓을 해보고 싶어 한다. 그게 인간의 본성이다. 특히 청년의 시기는 선악의 개념보다는 일단 저질러보자는 호기심이 훨씬 강할 때다. 개중에는 무슨 일이든 유감스럽게도 꼭 경험해봐야겠다고 고집 피우는 이들도 있다. 그게 자칫 큰 문제를 일으킬 수 있음을 알면서도 말이다.

우리는 세심한 주의를 기울여 죄의 유혹에서 벗어나도록 날마다 자신을 지켜야 할 필요가 있다. 죄악이 된다는 것을 알면서 저지른 경우도 있지만, 모르고 죄악에 끌려가는 경우도 있다. 그 죄악은 자신을 해치는 것부터 다른 이를 해치는 것까지 다양하다.

필자가 아는 한 청년은 친구 따라 강남가기를 좋아하다가 망한 대표적인 경우다. 어느 날 오토바이 한 대를 훔친 친구가 같이 타고 놀라가자고 부추겼다고 한다. 훔친 오토바이가 분명한 터라 잠시 망설이기도 했지만 이내 자신도 모르게 뭔가에 홀린 듯 같이 타고 길거리에 나섰다.

음료수 한 잔을 마시고 싶어 어느 편의점 앞에 오토바이를 세우고 내렸는데 마침 편의점 주인이 화장실에 들어가는 모습이 보였다. 두 사람은 순간적으로 아무도 없는 편의점 문을 따고 들어가 맥주 몇 병을 훔쳤다. 하지만 편의점을 나서다가 화장실에 다녀온 주인과 마주쳤다. 그들은 편의점 주인을 밀쳐 쓰러뜨리고 도망을 시작했다. 곧바로 동네에 비상이 걸렸고 경찰이 그들을 추적했다. 결국 그들은 오토바이 속도를 높여 달아나다가 미끄러져 크게 다쳤다. 특히 내가 말한 청년은 평생 동안 다리에 철심을 박고 살아야 하는 중상을 입었다.

그걸로 끝이 아니었다. 쓰러진 편의점 주인은 머리를 크게 다쳤고, 체포된 이들은 재판을 받고 교도소에 수감되었다. 친구의 유혹을 거절하지 못한 죄로 이 청년은 평생 동안 씻지 못할 사고를 치고 만 것이다. 그 어머니가 아들이 있는 안양교도소에 면회를 갔는데 아들이 얼굴도 들지 못하고 그렇게 서글프게 울면서 자신이 너무 미련해서 불효를 저질렀다고 후회하더란다.

터무니없는 일이라고 생각하지 말라. 우리 주변에서 오늘도 일어나고 있는 흔한 일들이다. 오토바이는 요즘 젊은이들이 너무도 좋아하는 교통수단이지만 사고가 나면 최소 중상이라는 심각한 후유증을 안고 살아야 한다. 이런 청년들과 학생들에게 조심의 철조망, 경계의 철조망, 부모의 간섭과 교훈이 작동했더라면 평생 후회할 일은 하지 않고 살 텐데 그것이 참 안타까운 일이다.

나를 지키는 경계심과 철조망

경계심이야말로 우리 양심에게는 철조망과 같은 존재다. 사람이 조심성이 없거나 경계심이 없다면 얼마나 많은 실수와 잘못을 저지르게 될 것인가? 역사교양서를 집필하면서 필자는 역사에서 늘 많은 교훈을 얻었다. 역사에는 위대한 인물들이 많아서 참으로 많은 교훈을 배우게 되고 겸손이 무엇인지 도덕이 무엇인지 염치가 무엇인지를 깨닫게 된다. 퇴계 이황이 특히 그런 인물이었다. 그는 한평생 조심하고 절제하며 함부로 행동하지 않았다.

퇴계(1501~1570)는 34세에 벼슬을 시작하여 70세에 사망할 때까지 140여 번 조정의 직에 임명되었지만 무려 79번이나 사퇴하는 물러남을 선보였다. 그는 무엇 때문에 명예와 권력이 보장된 벼슬자리를 물러나려고만 했던 것일까? 조선 중기, 정치가 혼탁하던 시대, 반대를 위한 반대가 판을 치던 시절에 퇴계는 자신의 정치 참여를 스스로 제한하는 한편 '직무를 다하지 못하면 물러나는 것이 도리'라며 벼슬 욕심에 대한 경계심을 행동으로 보인 것이다.

그야말로 솔로몬과 정반대되는 인물인 셈이다. 솔로몬은 하고 싶은 대로 해봤던 인물이었던 반면, 퇴계는 하고 싶은 것을 스스로 참고 절제한 인물이다. 그런 그들이 한결같이 말하는 바는 바로 '자신에게 철조망을 치고 경계심을 풀지 말라'는 것이다.

요즘 중고교 학생들을 보면 상당수 학생들이 징계라는 철조망, 훈육이라는 철조망과 관계없이 살고 있다는 생각이 든다. 가정에서 방치된 자녀들이 너무도 많다. 가정교육 자체가 붕괴되었는데 이것은 부부의 직장이나 비즈니스가 중요한 원인이기도 하다. 가정교육이 안 되니 학교교육은 더 말할 것도 없다.

요즘 학교는 체벌이 없다. 대신 아이들에게 벌점을 준다. 그리고 벌점이 20점인가 넘어서면 사회교육을 받아야 하고 봉사도 나가야 한다고 한다. 훈계하고 고쳐주며 야단치는 이들은 없고 그냥 벌점과 몸으로 때우기가 전부다. 징계가 없으니 아무 것도 무서울 것이 없다. 중간고사나 기말고사 때 학교 시험 감독관으로 나가는 필자는 이를 통해 요즘 중고교의 실상을 너무도 생생히 체험하고 돌아오게 된다.

시험이 시작되면 한 반에서 시험 보는 아이들 가운데 상당수가 정확히 10분 안에 엎드려서 잠을 잔다. 그들의 답안지는 물론 찍은 답으로 채워져 있다. 답을 찍고 자는 거다. 교사들도 자는 아이들을 깨우지 않는다. 나중에 물어보니 깨우다가 시비가 붙으면 교사들이 덤벼드는 아이들을 제재할 방법이 없어서 그런 단다. 잘못하면 아이들 앞에서 망신만 당한다는 거다. 교사도 책임감이나 사명감과 거리가 멀고 학생들의 행동은 갈수록 나빠지고 있다.

필자가 걱정하는 것은 다음 세대다. 이렇게 어른들의 충고와 훈계를 무시하고서도 아무런 제재를 받지 않는 아이들이 성장했을 때, 사회는 어떻게 될까 실로 걱정스럽다.

돌이킬 수 있을 때 돌이켜야

죄 짓는 것은 처음이 어려운 법이다. 경계선, 그 철조망을 한 번만

넘어보면 다음부터는 철조망을 넘는 건 쉬워진다. 쉬우면 계속하게 되고 계속하다보면 습관이 된다. 그렇게 만들어진 습관은 결국 사람을 범죄자의 길로 인도하기도 한다. 그것을 깨달을 즈음이면 이미 늦었다. 지금은 절대 걸리지 않을 것 같지만 언젠가는 후회할 날이 반드시 찾아온다.

도덕 교과서 같은 이야기를 하고 있는 필자도 답답하지만 이런 얘기를 해도 들으려는 이들이 많지 않다는 것이 심각한 문제다. 죄는 언제 우리를 파멸시킬지 모른다. 그래서 솔로몬은 잠언에서 이렇게 경고했다.

> 너는 내일 일을 자랑하지 말라 하루 동안에 무슨 일이 일어날는지 네가 알 수 없음으니라
>
> _ 잠언 27:1

전도서에서는 조금은 냉정하고 무서운 충고를 하는 솔로몬의 모습이 엿보인다.

> 청년이여 네 어린 때를 즐거워하며 네 청년의 날들을 마음에 기뻐하여 마음에 원하는 길들과 네 눈이 보는 대로 행하라 그러나 하나님이 이 모든 일로 말미암아 너를 심판하실 줄 알라

'하고 싶은 대로 해라. 하지만 마지막 심판 때에 네 행동에 대해
스스로 책임질 날이 온다'는 경고다. 지혜자 솔로몬이 남긴 말이다.

무릇 지킬만 한 것보다 더욱 네 마음을 지키라
생명의 근원이 이에서 남이라

_ 잠언 4:23

이 충고를 결코 흘려보내지 말라. 젊다는 것은 곧 환경이나 여건
에 충동적이기 쉽다는 의미의 다른 표현일 수도 있다. 유혹에 약하
기도 하고 거절하는 것을 잘 못하며 자신이 아는 세계가 전부인 것
처럼 생각하기 쉬운 때이기 때문이다. 자아가 아직 연약하고 올바로
정립되지 않은 탓일 게다.

심리학에서 자아는 충동을 조절하고 다른 사람과의 인간관계를
건강하게 맺도록 도와주며 현실에 적응하게 해주는 중요한 기능을
한다고 한다. 그러므로 자아를 발달시키는 훈련이 대단히 중요하다
고 할 수 있다.

이런 이유로 필자는 청년들에게 잠언 읽기를 감히 추천한다. 잠
언은 청년들이 읽으면 더욱 유익한 지혜서다. 예전 시계나 요즘의

고급 시계를 보면 '워터 프루프'라고 표시된 시계가 있다. 방수가 된다는 의미다. 어떤 시계는 충격을 흡수한다는 방충장치 표시도 보인다. 잠언은 바로 이런 책이다. 물에 빠져서 허우적거리지 않도록, 외부의 충격에 떠밀리지 않도록 사람들을 지켜주는 보호막이나 철조망과 같은 역할을 하는 책이다. 우리 마음이 교만해지고 유혹에 빠질 것 같은 순간 잠언의 구절구절이 우리들에게 자극과 도전을 줄 것을 확신한다.

아는 것과 실천하는 것은 다르다. 그냥 아는 것은 지식이고 알고 나서 실천에 이르게 하는 것이 지혜의 힘이다. 잠언을 우리가 지혜서라고 부르는 것은 잠언이 지난 3,000년 동안 읽히면서 많은 사람들의 자아를 올바르게 형성케 하고 사람의 마음을 바르게 조절하는 데 중요한 역할을 한 결과라는 사실을 알기 바란다.

해야 할 도전을 포기하는 것은 청춘의 특권을 포기하는 것과 마찬가지다. 다만 죄가 되는 길과 악한 길, 공동체를 해치는 길을 선택하지 말라는 부탁을 하고 싶다.

2
변하지 않는 순수함

> 온전하게 행하는 자가 의인이라 그의 후손에게 복이 있느니라
>
> _ 잠언 20:7

세상이 너무도 복잡해져서 '온전穩全'이라는 말 자체의 순수함을 다시 한 번 깊이 생각해보게 되었다. '온전하다'는 말은 본바탕이 그대로 고스란하다는 뜻이다. 또 잘못된 것 없이 바르거나 옳다는 뜻이기도 하다.

온전함이 주는 교훈

기독교적으로 '온전'이라는 말은 좀더 다른 뜻이 숨어 있다. 온전이라는 말은 히브리어로 '탐밈'이다. 흔히 우리는 '온전'이라 하면 '완전'이라는 말과 대치하여 쓰기도 하는데 사실 히브리어에서 이

말은 좀 다르게 쓰인다. 탐밈은 완벽보다는 '순수함'을 의미한다. 유대인이나 기독교인에게 순수함은 여호와 하나님과의 동행을 위한 전제조건이다. 그런데 탐밈은 처음부터 끝까지 순수를 지키는 온전이다. 그래서 '온전하기'는 무엇보다 어렵다. 인간이란 존재가 그런 면에서 다 부족하고 못난 것은 사실이다.

한때 전직 장차관들이 이런 저런 이유로 감옥살이 하는 모습을 종종 봤던 적이 있다. 직급이 높아지자 이곳저곳에서 들어온 청탁과 유혹을 거절하지 못하고 넙죽넙죽 받았다가 뒤탈이 나고 만 것이다. 전직 대통령들도 늘 뇌물이니 통치자금이니 해서 말이 많은 것을 보면 자신에게 주어지는 직무를 끝까지 순수하게 온전함을 유지하는 게 정말 쉽지 않은 듯하다.

어디 정치판뿐일까? 우리 사회의 '노블레스 오블리주'는 사실 심각한 상황이다. 지도층 인물들이 처음부터 그렇게 엉망이지는 않았을 것이다. 살다보니 잘나가다보니 어쩌다보니 그렇게 된 것일 게다. 첫사랑 첫섬김 첫소명을 잊어버리고 자신의 욕심을 앞세우다보니 실족하고 만 것일 게다. 순수함을 잃어버리는 것은 사람이란 존재가 '보이는 것'에 치중하는 삶을 살기 때문이다.

세상에는 가시적 세계와 비가시적 세계가 있다. 가시적 세계란 눈에 보이는 모든 세계다. 반면에 비가시적 세계에는 '사랑' '신뢰' '믿음' 같은 것에서부터 종교적 체험에 이르기까지 눈에 보이지 않는 다양한 세계가 포함되어 있다. 기독교에서 흔히 말하는 '영혼'이란 단어도 비가시적 세계다. 그런데 이런 비가시적 세계를 중시하지 않고 그저 눈에 보이는 것만 좇아다니다 보면 부나비 같은 인생을 살기 마련이다.

보이는 것은 곧 우리의 체면이나 명예와 깊은 관련이 있어 우리 자신을 겉으로만 꾸미게 만든다. 겉으로 꾸미는 자를 성경에서는 '외식하는 자'라 하는데, '외식'을 헬라어로 '휘포크리테스'라고 한다. 이 말은 원래 가면을 쓰고 다른 사람을 연기하는 배우를 뜻하는 말이었다. 하지만 성경에 들어오면서 이 외식이라는 말, 즉 겉으로 꾸민다는 말은 '남에게 보이기 위해 거짓되게 행동하는 것'을 말하게 되었다.

이 외식이라는 말은 후일 성경을 개정하고 고치면서 '불경건, 허물, 불법'이라는 말과 동등한 의미를 갖게 되었다고 한다. 그러나 사실 그건 예수 그리스도가 2,000년 전에 오셨을 때도 그랬던 모양이다. 예수님이 만난 '서기관들과 바리새인'들에게서 얼마나 썩은 냄새가 진동했던지, 예수께서 그들에게 외식하는 자들이라고 호통을 치신 것이다.

예수님은 위선하는 바리새인들을 보고 '회칠한 무덤'이라고 외치셨다. 겉으로는 깨끗하게 회를 입혀 놓았지만 그 속은 냄새나고 더러운 무덤일 뿐이다. 양머리에 개고기라는 의미의 양두구육처럼 겉과 속이 다름을 지적하는 것이다. 표면적 행위는 종교적이나 그들의 외식과 위선과 가면 아래 숨겨져 있는 진짜 모습을 예수님이 간파하신 것이다. 솔로몬 자신이 이랬던 사람이다. 그런 세속적이고 앞만 보고 달려가던 사람이 그 자신의 냄새나는 삶을 깨닫게 되자 자신의 후손들에게 교훈을 주며 고치려고 애썼다. 그래서 그는 잠언 곳곳을 통해 거짓을 멀리 하고 진실과 정직을 말하는 사람이 되라고 호소한 것이다.

겉으로 꾸미려 들지 말자. 그 대신 우리의 내면을 치장하고 거룩하게 만드는 데 신경을 더 써야 한다. '겉사람'은 낡아가지만 '속사람'은 날로 새로워지는 사람이 되어야겠다는 생각이 든다.

순수는 온전함에서

은사님 이야기다. 영국에서 유학을 하셨는데, 처음 영국에 도착했을 때 수중에 가진 돈은 첫 학기를 간신히 보낼 수 있는 정도였다고 한다. 필요한 책도 살 수 없을 정도로 쩔쩔매며 첫 학기를 마쳤지만, 더는 돈이 들어올 곳이 없어 다음 학기 등록을 못 했다고 한다. 학교에서는 등록을 안 하니까 "너 왜 등록 안 하냐?"고 물어보기에 "돈이 없어서요"라고 했더니 학생처에서 "그럼 좀 기다려봐라. 기도하면서 기다려라. 널 도와줄 분이 있을 거다"라고 했단다. 그런데 정말

며칠을 기다렸더니 어떤 독지가가 돈을 우편환으로 바꿔 보내주었다고 한다.

너무 감사해서 우편환 봉투를 뜯었더니 그때 돈으로 5,000만 원쯤 들어 있었다는 것이다. 너무 감사하고 놀라서 그 독지가에게 인사하러 가려했더니 반응이 이랬단다.

"오지 마라. 안 와도 된다. 네가 와서 인사하면 내가 하늘에서 받을 복이 없어진다. 공부나 잘해라. 네가 공부 잘해서 너보다 어려운 후배들 도와줘라. 그러면 된다."

이게 진정한 도움이 아닌가. 그 독지가는 참으로 돕는다는 순수성을 잊지 않은 위대한 분이라고 생각한다. 나라면 신문에라도 나갈까 하고 사람 불러 사진 찍고 그것도 부족하면 여기저기 소문내기 바쁠 텐데 그는 그러지 않았다. 순수라는 말의 의미를 그처럼 진정으로 실천하는 사람들이 많아져야 지구촌이 좀 넉넉해지지 않을까?

잠언을 읽는 사람이라면 누구나 알게 될 것이다. 어느 누구도 모든 면에서 깨끗할 수 없으며 탐심에서 자유로울 수는 없다. 아무도 자신을 온전하게 여길 수 없고 그럴 수도 없는 것이다. 그래서 누구를 탓하고 누구를 원망하기에 앞서 바로 자기 자신을 성찰하는 것이 정말 중요하다.

잠언은 아들에게 주어지는 대화체 문헌이다. 그냥 대화가 아니라 아버지가 아들에게 가르치는 형식이다. 화자는 아버지이고 듣는 이는 아들이다. 설정은 이렇지만 화자가 꼭 솔로몬일 필요는 없다. 화자는 내 양심이고 내 신앙이며 내 어머니이기도 하고 내 스승이기도 하다.

내 아들아 네 아비의 훈계를 들으며
네 어미의 법을 떠나지 말라

_ 잠언 1:8

대저 여호와는 지혜를 주시며
지식과 명철을 그 입에서 내심이여
그는 정직한 자를 위하여 완전한 지혜를 예비하시며
행실이 온전한 자에게 방패가 되시나니
대저 그는 정의의 길을 보호하시며
그 성도들의 길을 보전하려 하심이니라

_ 잠언 2:6-8

유대인을 강하게 만든 세 가지 힘

솔로몬이 그토록 가르치려 했던 교훈을 탈무드에선 세 가지 교훈으로 정리해 가르치고 전해왔다. 그 세 가지 교훈은 곧 유대인을 강하게 만든 힘이다.

그 첫 번째는 토라, 즉 율법의 힘이다. 유대인들은 구약성경의 모세오경을 토라라 불렀다. 모세오경은 창세기, 출애굽기, 레위기, 민수기, 신명기, 다섯 권의 책이다. 모세가 썼다고 해서 모세오경이라는 이름으로 전해져온다. 이 다섯 권에 기록된 하나님의 말씀을 성문법인 율법으로 지켜온 사람들이 유대인들이다. 특히 신명기 6장 4절에서 '들으라 이스라엘아' 하는 구절 가운데 '들으라'가 히브리말로 '쉐마'다. '쉐마'야말로 유대인들이 가장 좋아하는 교육방법이다. 묻고 듣고 답하는 것이 전형적인 유대인 교육방식이다.

그렇게 자기 나라의 공식적인 학교제도나 교육기관도 없이 2,000년간 남의 나라에서 눈치 보며 살림을 어렵게 꾸려왔던 유대인들이 어떻게 세계 경제를 쥐고 흔들 정도의 재력을 갖추게 되었을까? 그 출발이 모세오경과 잠언에 있다고 한다면 지나친 주장일까?

유대인들은 문답식으로 교육하기를 즐겼다. 지도자가 백성에게, 부모가 자식에게, 선배가 후배에게, 스승(랍비)이 제자에게 하는 교육은 모두 마찬가지였다. 모세가 이집트에서 노예로 살던 이스라엘 백성들을 불러내 팔레스타인에 정착시킬 때에도 그랬고 정식 나라가 설립돼 3대 왕이 된 솔로몬 때도 그랬다.

유대인을 강하게 만든 두 번째 힘은 바로 '모라'라고 부르는 '선생'의 힘이다. 모세오경부터 솔로몬의 잠언에 이르는 성경의 정신으로 이어진 교육체계는 각 고을에서 랍비가 가정의 가장들을 교육시키는 독특한 시스템을 탄생시켰다. 탈무드를 보면 늘 백성들은 문제가 생길 때마다 랍비에게 달려가 물었다. 정신적인 지도자 영적인 지도자가 늘 그들 곁에서 그들을 지켜준 것이다.

세 번째 힘은 '호라'라고 부르는 '부모'가 그 힘이다. 랍비에게서 교육받은 부모는 가정으로 돌아가 아들과 딸을 교육했다. 이런 랍비식 가정교육 시스템은 유대인의 정통성을 온전히 지키게 하는 기둥이 되었다. 2,000년간이나 나라가 없는 데도 자신들의 정통성을 지킨 민족의 놀라운 교육방법이다.

솔로몬은 온전한 자는 아니었다. 하지만 그가 남긴 잠언은 유대인들에게 온전함을 지키게 해주는 귀한 경계석이 되었다. 우리가 잠언을 읽어야 하는 이유가 여기에 있다.

3

극복해야 하는 두려움

> 너는 갑작스런 두려움도 악인에게 닥치는 멸망도 두려워하지 말라
>
> _ 잠언 3:25

솔로몬은 광대한 제국을 키우면서 자신의 나라가 온전하게 지켜지기를 간절히 바랐다. 그런 만큼 자신이나 이스라엘이 혹시 적에게 공격을 받거나 가뭄이나 질병으로부터 해를 입는 일이 없도록 늘 기도했다.

그런 마음은 늘 그에게 외적의 침입을 막기 위한 철저한 방비와 군사적 대책, 경제적 부강에 대한 최선의 노력을 기울이게 했다. 그만큼 솔로몬에게는 걱정이 많았다. 잠언은 그러한 자신의 마음이 담겨 있다.

미래에 대한 불안과 두려움은 당연하다

걱정이 많았던 솔로몬은 군사를 모으고 말과 전차의 숫자를 크게 늘렸다.

사실, 이스라엘은 전통적으로 말과 전차를 보유하지 않은 나라였다. 그것은 여호와 하나님의 명령이었다. 그래서 솔로몬의 아버지 다윗 왕(하나님이 가장 사랑했던 군주)은 블레셋(고대 팔레스타인족)을 이긴 후 모압족과 소바족과 싸워 승리를 거두고 기병 7,000명과 보병 2만 명을 사로잡았는데 그중에서 말은 전차 100대(최소한의 병력유지용)를 끌 정도만 남겨두고 나머지는 힘줄을 끊어버렸다. 전차는 더는 필요 없다는 자신감의 발로였다. 하나님이 자신들을 지켜줄 것이라는 확신이 있었던 것이다.

블레셋과의 전쟁에서 이스라엘의 선조들은 칼과 창이 아니라 여호와 하나님에 대한 믿음으로 맨손만으로 치렀다. 상대방은 첨단 철기로 무장하였는데 이스라엘은 쇠스랑 하나, 곡괭이 하나를 만들 수 없어서 적국인 블레셋에서 수입해야 했고 혹 고장이라도 나면 적국에 가서 고쳐야 했다. 그럼에도 다윗 왕은 블레셋과의 전쟁에서 밀리지 않았다. 하지만 솔로몬은 아버지보다 더 큰 왕국을 유지해야 했기에 오히려 그것이 못내 불안했던 것이다.

그래서 솔로몬은 열심히 국방력을 키웠다. 그 결과 이스라엘은 전차 4,000대와 기병 12,000명을 확보했다. 이는 당시 중근동 어떤 나라도 이스라엘을 우습게 여기지 못할 강력한 규모였다. 물론 주요 지역에 전진기지를 세우고 식량과 무기를 비축했다. 언제든지 군사 동원이 가능한 전시체제를 유지토록 한 것이다. 그럼에도 솔로몬은 늘 두려워했다. 그의 사후, 나라는 북쪽의 이스라엘과 남쪽의 유다로 나뉘었다. 그리고 가장 부유하고 잘나가던 시절, 두 왕국은 각각 앗시리아와 바빌로니아에 멸망당했다.

이 이야기를 길게 하는 이유는 솔로몬이 두려워하는 마음의 실체를 어느 정도 알고 있었다는 점이다. 그리고 그 두려움이 자신을 잡아먹게 될 것임을 어렴풋이 짐작하고 있었다는 사실이다. 과연 두려움이란 무엇인가? 왜 두려움은 까닭 없이 마음을 불안하게 하고 점점 그 규모가 커지며 확대되는 것일까? 그것은 우리가 인간이기 때문이다.

인간은 연약한 존재이기에 태생적으로 자신이 겪어야 할 미지의 요소들에 대해 두려움을 가질 수밖에 없다. 물론 두려움이 꼭 나쁜 것만은 아니다. 불에 대해 본능적인 두려움이 없다면 수많은 아기들이 화상을 입고 말 것이다. 두려움은 우리를 긴장하게 하고 한편으로는 조심하게 만들어 위험으로부터 우리를 지켜준다. 하지만 쓸데없는 두려움, 필요보다 과한 두려움은 우리를 망치는 요소라고 할 수 있다.

제2차세계대전 중 총에 맞아 죽은 사람보다 두려워 떨다가 심장

마비나 우울증, 불안증, 신경쇠약 등으로 죽은 이가 더 많다는 얘기를 들은 적이 있다. 믿어야 할지 모르겠으나 사실 여부를 떠나 이 내용 자체가 우리 인간이 얼마나 많은 두려움을 갖고 사는지를 극명하게 보여주는 사례라 할 것이다.

아마도 대부분의 사람들은, 다가올 미래에 대한 불안감을 갖고 산다. 내일 일을 염려하며 내일 수입을 걱정하며 다음 달 매출을 걱정한다. 그러한 '불안과 두려움과 초조'로 가슴을 떨며 답답해하며 평안을 찾지 못한다. 물론 미래에 벌어질 일에 대해 아예 관심을 두지 않는 것도 문제가 될 것이다.

많은 사람들이 겪고 있는 두려움이라는 문제는 다양한 형상의 가면을 쓰고 우리에게 다가온다. 그래서 필요하지 않는 두려움까지 갖게 만드는 것이다. 심리학자들은 이렇게 말한다. "아직 벌어지지 않은 일들을 미리 두려워하지 말라. 두려움이 널 잡아먹게 두지 마라."

두려움을 대하는 자세

사람들이 두려운 문제에 직면할 때 크게 네 가지 반응을 한다고 주장하는 학자가 있다. 제이 아담스라는 기독교 심리학자로 인본적인 심리학에 대항해 기독교적인 심리학 연구방법론을 제시한 인물이다. 그는 네 가지 유형으로 문제에 직면한 이들을 분류했다.

첫 번째 유형은 문제가 생기면 아예 없는 것처럼 무시하고 지나간다. 두 번째 유형은 다른 좀 약한 문제에 집중함으로써 지금의 문제를 교묘하게 피해간다. 세 번째 유형은 문제에 직면하면 그 자리에서 돌아서서 후퇴하고 만다. 네 번째 유형은 해결을 볼 때까지 직진하며 절대 회피하지 않는다.

필자는 세 번째 유형이었다. 늘 문제가 생기면 숨거나 도망하는 것이 내 특기였다. 그러나 그것으로는 조금도 문제를 해결하지 못했고 문제만 더욱 키워 결국 쓰러지고 말았다. 솔로몬은 과거의 인물이고 나는 현재의 인물인데 나는 잠언을 읽으면서 여전히 그가 답습했던 여러 가지 두려움에서 조금도 벗어나지 못하고 있었다. 다만 나이를 먹는 만큼 조금씩 고치려고 노력하는 중이다.

《나니아 연대기》의 저자 C.S. 루이스는 영문학자이자 비평가이며 저명한 기독교 작가다. 그의 책을 읽다가 눈에 띄는 구절이 있어 소개하고자 한다. 이해하기 쉽도록 약간 의역했다.

저는 늘 그렇듯이 타락하고 불경스러운 일상 상황에 만족하면서 다음날 있을 친구들과의 즐거운 만남이나 오늘 나의 허영심을 채워준 작고 사소한 일들에 만족하고 있습니다. 또는 휴일의 즐거움이나 새로운 책을 사서 읽고 있는 즐거움에 빠져 있기도 합니다. 그러다가 갑자기 심각한 병일지도 모르는 갑작스런 복부의 통증이나 지구가 붕괴되어 전멸할지도 모른다고 위협하는 신문기사를 읽고서는 내 평안하던 마음을 완전히 뒤집어 버립니다. 마음은 두려움에 떨고 내 작은 행복들은 어느 새 사라지고 산산이 흩어집니다. 그렇게 시간이 한참 흘러서야 조금씩 자신을 추스릅니다. 마지못해 겨우 불안하던 마음을 간추리고 원래의 마음 상태로 돌아가려고 애씁니다. 그러나 두려움은 좀처럼 사라지지 않고 있어 몇 번씩 몇 번씩 기도해야 겨우 마음이 잡힙니다. 진짜 주인은 예수 그리스도라고 생각하고 자꾸 생각하여 겨우 마음을 안정하는 것입니다. 그런데 불행하게도 이 겨우 안정된 마음(주님을 생각하고 의지하는 것)은 잘 해야 이틀 정도 가고 금방 세상에 다시 마음을 빼앗기는 것입니다.

위협이 물러가는 순간 저는 저의 본성은 대번에 세상의 행복들로 달려갑니다. 내가 좋아하는 취미, 장난감, 이성, 세상의 즐거움에 홀랑 나를 던져 넣습니다. 하나님은 겨우 저를 48시간 소유하고 계신 것뿐이었습니다.

너무 재미있는 표현이 아닌가? 기독교인이 아니라도 이런 마음을 이해할 수 있을 거라고 생각한다. 우리의 마음은 늘 이렇듯 동풍이 불었다가 북풍이 불고 찬바람이 불었다가 어느새 따뜻한 바람이 불기도 한다. 도무지 갈피를 잡지 못하는 마음을 다스리기란 얼마나 어려운가. 사실 루이스의 글을 읽다보면 나만 그런 건 아니구나 싶어 다소 마음이 놓이기도 한다. 세계적인 신학자요 비평가요 소설가인 루이스조차 이러니 우리가 좀 안심은 될 것 같기도 하지 않은가.

우리 인간은 평안을 누리다가도 조금의 도전만 다가오면 두려움이란 진흙탕에 가서 몸을 비비고 마는 연약한 존재인 것이다. 그러나 사실 우리가 겁내는 시련이나 소위 말하는 '큰 문제'라는 것이 과연 나쁘기만 한 것일까? 필자가 자주 말하곤 하지만 좋은 명검 하나 만들기 위해 400번의 '벼리질'을 해야 한다지 않는가? 그러니 이제 벼리질은 그만하게 해달라고 소리 지르는 것은 좀 삼가야 마땅하다고 생각한다. 훈련받아야 할 인생이라면 마땅히 즐겁게 받아들여야 하지 않을까?

리더일수록 긍정의 힘을 믿으라

솔로몬은 자신의 선조들이 겪었던 두려움의 결말 이야기를 잘 알고 있었다. 이스라엘 선조들의 큰 실패담이다. 모세 시절이었다. 기원전 1,446년, 모세는 이집트에 노예로 살던 이스라엘 백성들 200만 명 이상을 이끌고 홍해를 거쳐 미디언 광야로 나왔다. 그리고 자신들이 들어가 살아야 할 가나안 땅을 정탐하기 위해 열두지파에서 열두 명의 리더로 정탐꾼을 뽑아 적진에 들여보냈다. 구약성경 민수기 13장에 나오는 장면이다.

사람을 보내어 내가 이스라엘 자손에게 주는 가나안 땅을 정탐하
게 하되 그들의 조상의 가문 각 지파 중에서 지휘관 된 자 한 사람
씩 보내라

_ 민수기 13:2

이스라엘의 열두지파 수령 열두 명으로 구성된 정탐 선발대가 바
란 광야라는 곳에서 출발해 가나안 땅을 40일간 두루 돌아다니며
살펴보고 돌아온 것이다. 사람들이 사는 땅이 좋은지 나쁜지와 사는
성읍이 진영인지 산성인지와 토지가 비옥한지 메마른지 나무가 있
는지 없는지를 탐지하는 사명을 주었다. 이들은 담대하게 탐지하고
돌아올 때 그 땅의 실과를 가져와야 했다(민수기 13:19-20). 40일간
의 정탐 후 이들은 두 패로 갈렸다. 열두 명 중 열 명이 가나안 땅과
사람들에 대해 불만을 쏟아냈다. 그 불만의 실체는 두려움이었다.
　보고한 내용을 보면 포도나무 가지를 통째 들고 나왔고 석류와
무화과 열매도 수거했는데, 포도열매가 얼마나 크고 무거웠던지 둘
이서 매고 왔다는 사실이다. 광야 사막에서 견디던 이들이 볼 때 얼
마나 크고 먹음직스럽게 보였을까 짐작하고도 남는다. 그러나 문제
는 그 다음부터였다. 그곳 거주민이 강하고 크고 견고하니 그들이

우리보다 강하다고 그리고 우리가 그들을 치지 못할 것이다라고 보고한 것이다. 삽시간에 이 소문은 퍼졌고 스무 살 이상의 장정만 60만 명이나 되는 군중들이 흥분하기 시작했다. 불과 열 명의 불평꾼들이 60만 명의 마음에 두려움을 심어버린 것이다. 모세가 이끌던 이스라엘 민족은 자신들은 능히 이기지 못할 것이라는 패배주의로 가득찼고 이로 인한 두려움으로 벌벌 떨었다. 두려움이 모든 사람들의 마음을 사로잡았다. 열두 명 정탐꾼 가운데 갈렙과 여호수와라는 두 지도자만이 그 땅을 능히 차지할 수 있다고 보고했으나 이미 열 명이 전 민족의 마음을 흔든 다음이었다.

결국 이스라엘 민족들은 40년간 광야에서 더 방황할 수밖에 없었다. 그 기나긴 세월 동안 세대교체가 일어나고 40년간의 신앙 훈련을 더 받은 후에야 새로운 지도자 여호수와가 이끄는 가운데 다시 가나안 땅으로 들어갈 수 있었다.

솔로몬은 역사를 통해 두려움이 자신의 선조들을 어떻게 망치는지 살펴보았기 때문에 잠언에 특별히 이 부분을 기록해두었다.

너희의 두려움이 광풍같이 임하겠고 너희의 재앙이 폭풍같이 이르겠고 너희에게 근심과 슬픔이 임하리니

_ 잠언 1:27

오직 내 말을 듣는 자는 평안히 살며 재앙의 두려움이 없이 안전
하리라

_ 잠언 1:33

솔로몬이 지금 살아온다면 분명 이렇게 말할 것이다. "쓸데없이
겁내지 말고 담대하라! 영혼과 마음을 지켜서 두려움에 내주지 마
라!"

결론을 말하자면 우리는 가정에서든 학교에서든 직장에서든 현
재 혹은 미래에 모두가 지휘관이요 리더가 될 사람들이다. 리더가
두려움에 빠지고 부정적이면 구성원 모두가 불행해질 수밖에 없다.
담대하고 강하라. 긍정적으로 바라보라.

많은 이들은 익명 속에 숨으면 안전하다는 착각을 하곤 한다. 숨
는다고 두려움은 없어지지 않는다. 그 두려움은 어둠 속에서 스멀스
멀 기어 나와 당신을 쓰러트리고 말 것이다. 담대하라. 그러면 두려
움은 꼬리를 숨기고 사라지고 말 것이다.

4

정직이 성공을 이끈다

사람의 행위가 자기 보기에는 모두 정직하여도 여호와는 마음을 감찰하시느
니라

_ 잠언 21:2

속이는 저울은 여호와께서 미워하시나 공평한 추는 그가 기뻐하시느니라

_ 잠언 11:1

잠언 21장의 소제목을 붙이라면 필자는 '정직의 장'이라고 서슴
없이 붙일 수 있다. 그만큼 솔로몬은 정직과 겸손과 온전함을 노래
하고 있다. 솔로몬은 죽은 후 영혼이 하늘로 올라갈 것이라고 굳게
믿었다. 그래서 하나님이 그를 어떻게 보시는지, 인간과 삶을 어떻
게 보시는지 늘 궁금했다. 그리고 자신의 삶을 성찰하기를 원했다.
그도 인간이기에 때로는 흔들린 적도 있었지만 다시 돌아와 자신

을 돌아보았고 깊은 체험을 담아 잠언을 썼다. 그는 잠언 21장에서 인생은 정직한 자와 교만한 자의 대립관계에 있는 것처럼 보았는데 필자는 그의 시각에 전적으로 동의하지 않을 수 없다.

손해 보지 않고도 남기는 거래

솔로몬의 부에 대한 생각은 남달랐다. 그는 결코 속이지 않았다. 그러면서도 손해 보는 장사는 결코 하지 않았다. 줄 것은 주고 받을 것은 받았다. 그리고 그 과정은 명백하게 윤리적이었다. 장사하는 사람이 받을 것을 받고 줄 것을 주는 것은 너무도 당연하다. 하지만 막상 장사를 하고 나면 앞으로 남고 뒤로 밑지는 일이 적지 않다. 그런데 솔로몬은 말 그대로 남는 장사를 하는 데 천재였다. 그것도 줄 것은 다 주고 받을 것은 다 받으면서 말이다.

솔로몬은 다윗 왕의 열 번째 아들로 왕위 계승은 꿈꾸기 어려운 신세였다. 그러나 기적적으로(유대인들 시각으로는 여호와 하나님의 은혜로) 때를 기다리며 명분을 쌓아 다윗의 지명을 받은 후 경쟁자들을 물리치고 왕위에 올랐다. 그런 이유 때문인지 모르겠지만 사물과 주변을 헤아리는 데 최고의 명수였다. 특히 솔로몬은 재테크에 대한 감각이 남달랐다.

그는 아버지 다윗이 건축하지 못한 하나님의 성전을 건축하는 것에 목표를 두었다. 그가 즉위한 때는 이스라엘 통일왕국이 건국된 지 80년에 이르렀을 때로 나라가 부강하고 백성들도 부유하게 살았다. 하지만 자원이 풍족하지 못했기에 다른 나라의 도움이 필수적이었다. 솔로몬은 상대들과 대등한 조건으로 공정하게 거래한다는 의식을 갖고 있었다. 자연히 신용이 쌓였다. 솔로몬은 그렇게 쌓은 신용을 바탕으로 더 큰 부를 모을 수 있었다. 특히 조공무역과 해상무역은 더 많은 신용과 부를 가져다주었다.

예루살렘에는 관광객과 무역상들로 가득 찼다. 중근동의 뉴욕과 같은 도시였다. 그러니 많은 방문객들을 위한 건축물과 도성 건축에 목재가 반드시 필요했다. 목재는 두로 왕국에서 나는 백향목이 최고였다. 두로는 오늘날 레바논 남부에 있는 치레라는 항구도시로 예루살렘에서 226킬로미터 정도 떨어져 있다. 이곳은 성서 시대 당시에는 페니키아(성서 이름은 베니게)의 주도主都로, 성서에 나오는 중요한 지명인데 메소포타미아와 이집트, 소아시아, 아라비아를 연결하는 중요한 교통요지이자 중계기지였다. 해상무역을 주로 하며 무역업자에다 부자로 소문난 두로인들은 셈이 빠르고 절대로 손해 보지 않는 민족이었다.

하지만 두로인들은 밀이 부족해서 늘 다른 나라로부터 사들여야 했다. 또 올리브나무의 기름을 즐겨 먹었지만 올리브 농사는 짓지 않고 있었다. 꿀도 두로인들이 즐겨 먹는 음식이자 사치품으로 대단한 고가에 팔리고 있었다.

그들과 협상하기 전에 이를 파악한 솔로몬은 협상할 때 먼저 아버지 다윗 왕과 두로의 히람 왕이 얼마나 좋은 교분관계를 유지했는지를 설명했다. 두 나라 사이에는 원한관계가 없고 이해관계도 없다는 점을 분명히 한 것이다. 그리고 서로에게 필요한 물품을 교환하자고 제안했다.

솔로몬은 성전 건설에 필요한 교역품으로 백향목을 지정하는 대신 두로인들에게 밀과 올리브(성경에서 감람나무) 기름, 무화과 열매, 꿀 등을 제공하기로 했다. 두로 왕 히람에게는 꼭 필요한 물품이었다. 거래는 성사되었고 히람 왕은 솔로몬이 원하는 모든 물품을 공급하기로 했다. 덕분에 솔로몬은 건축에 필요한 백향목과 잣나무, 금 등을 얻을 수 있었다. 히람 왕은 금을 무려 120달란트나 보냈으니 돈과 자재를 다 보내준 셈이었다. 나중에 두로 측에서 계약조건에 불만을 보이자 솔로몬은 성읍 스무 개를 보내 그들을 달랬다. 줄 것은 주고 받을 것은 받겠다는 것이었다.

히람은 쓸모없는 땅을 주었다고 투덜대며 그 땅의 이름을 가불(히브리어로 쓸모없다는 의미)이라고 불렀다. 사실 쓸모없다기보다는 히람이 원하는 성읍이 아니었던 것이다. 하지만 덤으로 더 준 것을 탓할수는 없는 일이다. 그래서 솔로몬에게 답례로 두로의 뱃사공을 활용해도 좋다고 말했다. 솔로몬은 유목민 출신의 유대인들을 해상무역에 내보내면서 바다를 잘 아는 전문 항해사들을 활용할 수 있게 된 것이다. 솔로몬은 두로에서 쓸 만한 사공들을 골라 무역할 때 사공으로 활용했으며 결과적으로 그들 덕분에 많은 부를 축적했다. 페니키아인 중에는 바닷길을 잘 아는 사공들이 많았던 것이다.

성경신학자들은 당시 솔로몬이 성전 공사에 오늘날 시가로 모두 500억 달러 이상을 들였을 것이라고 추정하고 있다. 그 막대한 경비를 솔로몬은 정직한 비즈니스와 신용으로 벌어들인 것이다.

정직한 자의 성실은 자기를 인도하거니와 사악한 자의 패역은 자기를 망하게 하느니라

_ 잠언 11:3

성읍은 정직한 자의 축복으로 인하여 진흥하고 악한 자의 입으로 말미암아 구원을 얻느니라

_ 잠언 11:11

정직한 자에게 찾아오는 이득

정직하면 손해 보는 것이 세상 이치다. 그런데 솔로몬은 계속해서 정직을 말한다. 그에게 정직은 지혜 다음으로 중요한 인간의 덕

목이다. 이 덕목을 지키면 사회가 안정되고 나라가 발전할 것이라고 믿었다. 하지만 인간 사회 아니던가? 정직해서 먹고 살기 힘든 것은 예나 지금이나 마찬가지다. 어떻게 잘살기 위해 정직할 수 있다는 말인가?

솔로몬은 가난을 추켜세우거나 이를 선이라고 낭만적으로 언급한 적이 없다. 그는 오히려 잠언에서 부자의 재물이 견고한 성이라고 보았다. 재물이 필요하다는 점을 분명히 인식한 결과라고 볼 수 있다. 그럼에도 솔로몬은 부자가 되어 교만해지면 그것이 본인을 패망하게 한다고 보았다.

사람의 마음의 교만은 멸망의 선봉이요 겸손은 존귀의 길잡이라

_ 잠언 18:12

그래서 솔로몬의 주장은 다음처럼 정리할 수 있다. 첫째, 가난을 면하기 위해 열심히 일해라. 가난하면 멸시당하고 망하게 된다(잠언 13:2). 둘째, 부자가 되면 자신과 가정을 지키고 가난한 이웃을 돌볼 수 있어 성벽처럼 높은 안전망을 갖게 된다(잠언 18:10). 셋째, 부자가 되면 교만해지기 쉽다. 교만해지지 말고 정직하고 겸손해라. 그러기 위해 지혜를 구하라. 그러면 그 부를 지킬 수 있다. 즉, 지혜로운 자의 재물은 그의 면류관이요 미련한 자의 소유는 다만 미련한

것이니라(잠언 14:24).

교만이라는 말은 정직의 반대어로 쓰였다. 교만이라는 한자를 기억해보라. 교만驕慢은 말 위에서 높아진 자신의 모습을 가리킨다. 하지만 높은 데서 떨어지면 더 아픈 법이다. 교만을 떨다가는 망신살이 뻗친다는 교훈이다.

놀랍게도 헬라어(고대 그리스어)로 교만이라는 뜻도 의미심장하다. 신약성경을 기록한 글이 고대 헬라어다. 여기 헬라어로 교만이라는 뜻을 가진 '휴페레노스'라는 단어는 '다른 사람 위에 자신을 올려놓다', 혹은 '말 위에 자신을 올려놓다'는 의미로 쓰인다고 한다. 말 위, 사람 위에 올라서 있으니 남들이 아래로 보이는 것이다. 승마를 해본 사람은 안다. 말 위에 앉아 있으면 남들보다 훨씬 높은 자리에 올라와 있다는 것을 실감하기 때문이다. 중국과 고대 헬라에 교만이라는 단어를 같은 의미로 썼다는 것 자체가 놀라울 뿐이다.

히브리어로 정직이란 말은 보통 '에쇼르'로 쓰였다. 에쇼르는 원래 의롭다거나 진실하다거나 평평하다 할 때 쓰는 말이었다. 이밖에도 '떳떳함blameless' 혹은 '완전'이라는 히브리어의 어근과도 교환되어 사용되었다. 즉 '도덕적으로 완전함'과 '악에서 떠난'이란 의미도 포함되었다.

앞에서도 몇 번은 언급한 내용이지만 솔로몬은 영적인 사람이었다. 영혼 불멸을 믿었으며 세상을 창조한 신, 여호와 하나님이 자신과 이스라엘을 지킨다고 믿었다. 그런 그에게 정직한 자란 하나님의 교훈을 저버리지 않고 올바르게 살아가는 자를 의미함이 분명하다.

그런 자가 과연 있을 수 있는가를 묻지 마라. 신 앞에 완전한 자는 없지만 완전하려고 노력하는 자는 있는 법이다. 솔로몬은 오래 세월 지혜롭고 정직한 자로 살다가 여인들에게 홀려 이방신들을 섬긴 후 다시 돌아온 인물이다. 그에게 정직이란 한 번 정한 길(하나님이 보내신 길, 옳다고 인정해주신 길)을 끝까지 굽히지 않고 가는 올곧은 정신을 말하는 것이었다.

놀랍게도 모두 31장으로 구성된 잠언 속에 '정직'이란 단어는 개역개정판 번역성경으로 정확하게 31회나 나타나고 있다. 재미있는 우연이다. 특히 잠언 21장은 정직의 장이라고 앞에서 말한 바 있다.

솔로몬에게 신적 존재이자 영적 존재인 하나님은 선하시고 사람은 그렇지 못한 존재였기에, 솔로몬은 하나님이 가르치는 교훈을 잘 받아들이고 옳은 길을 곧게 가려고 노력하는 사람들을 길러내고 싶어 했다. 하나님과 대립하지 않고 의로운 삶을 사는 백성들이 많아지기를 소망한 것이다. 이를 위해 가장 기본이 되는 것이 정직이었다.

필자는 3,000년 전 군주의 교훈을 오늘날에도 그대로 적용할 필요가 있다고 주장한다. 누군가(우리를 지켜보는 신적 존재)가 나를 지켜보고 있다고 생각한다면 부정과 부패와 음란과 사기와 거짓말과 탐욕으로부터 어느 정도 스스로를 지킬 수 있는 힘을 얻을 수 있지 않을까?

신의 존재를 믿지 않는 사람에게도 양심은 있지 아니한가. 양심이 곧 신의 선물이라고 생각한다면 양심에 따라 행동하는 것이 곧 신의 뜻을 따르는 길이고 그것이 인류의 보편적 행복에도 이바지하는 것 아닌가?

5
혀를 조심하라

미움을 감추는 자는 거짓된 입술을 가진 자요 중상하는 자는 미련한 자이니라

말이 많으면 허물을 면하기 어려우나 그 입술을 제어하는 자는 지혜가 있느니라

의인의 혀는 순은과 같거니와 악인의 마음은 가치가 적으니라

의인의 입술은 여러 사람을 교육하나 미련한 자는 지식이 없어 죽느니라

_ 잠언 10:18-21

솔로몬의 잠언에는 혀라는 단어가 무려 열여섯 번이나 나타난다. 혀는 그만큼 중요한 존재다. 혀를 제대로 사용하지 못하면 그만큼 위험한 존재가 되기도 한다.

혀는 양날의 칼
혀를 잘 쓰면 보물과 같지만 잘못 쓰면 비수가 되어 자신에게 돌

아온다. 솔로몬은 '미움을 감추는 자'라고 썼는데 '미움을 감추는 자'는 이중적인 사람이다. 겉으로는 온순한 척, 착한 척하지만 실제로는 상대를 미워하는 감정을 마음속에 감춘 채 언제 복수를 할까 언제 해코지를 할까를 고민하는 사람이 있다. 음흉한 위선자로 속이 악으로 가득 찬 사람이다. 솔로몬은 이런 이들을 거짓된 입술을 가진 자라고 비판한다. 겉과 속이 다른 사람이기 때문이다.

그 다음 구절에서 '중상하는 자는 미련한 자'라고 지적했는데 이 부분은 성경 곳곳에서 보이는 구절이다. 성경은 이들을 '참소하는 자'라고 기록했다. '참소하는 자'는 무엇이든 '흠'를 찾아 이리저리 돌아다니며 자신과 관계없는 사람들조차 근거 없이 중상모략을 한다. 조직에 이런 이들이 끼어 있으면 그 조직은 위험하다. 무익한 말로 다툼과 분쟁을 일으키기를 좋아하는 이들은 분란과 불만의 근원지가 된다. 그리고 이들로 인해 시작한 분란은 전염성이 강해 한 번 퍼지기 시작하면 날아다니는 불씨처럼 쉽게 잡을 수도 없게 된다.

직장에서 상사만큼 좋은 안줏거리는 없는 법이다. 술 한 잔 걸치면 이러쿵저러쿵하며 상사 욕하느라 날이 새는 줄 모르는 조직원들이 적지 않다. 필자도 사회 초년 시절 한 잡지사에서 근무할 때 이런 일을 겪었다. 수도 없는 날을 퇴근만 하면 직장 선배들과 함께 술자리에서 상사를 욕하고 비난하며 보냈다. 하지만 그것도 매일 계속되니 술자리가 싫어졌다. 그러나 막내인 까닭에 이러지도 저러지도 못하며 그냥 그렇게 생활할 수밖에 없었는데, 어느 날 다른 직장을 다니는 한 선배가 충고를 해주었다.

"안주 씹는 것은 매일 해도 되지만 상사 욕하는 것은 습관이 돼. 나중에 어떤 직장에 가도 계속 흉보는 자로 남을 테냐? 긍정적으로 볼 줄 아는 눈을 길러야지!"

그날 정신이 들었다. 그 말에 동감하고, 결국 직장까지 옮겼다. 그 일을 통해 적지 않은 교훈을 얻었다.

말이 많으면 허물을 면키 어렵다

잠언 10장 19절에서 "말이 많으면 허물을 면키 어려우나 그 입술을 제어하는 자는 지혜가 있느니라"라고 했는데 이것은 언어생활의 신중하고 조심스러운 면을 강조하는 부분이다.

내가 아는 한 사람은 혀에 대한 절제가 없는 사람이다. 나이가 동갑인데 한 번 이야기를 시작하면 끝을 모르게 계속 자기 이야기만 하는 사람이라 만나는 사람마다 혀를 내둘렀다. 눈치를 주고 말을 잘라 다른 화제로 전환해도 그는 여전히 자기 이야기를 계속했다. 게다가 어쩌다 술자리를 함께하면 상대가 어떻게 생각하든 늦게까지 붙들었고, 계산할 때가 되면 취한 척하는 몰염치한 인물이기도 했다. 결국 나이를 먹은 후에는 친구도 가족도 없이 홀로 살고 있다.

그를 보면 침묵은 금이요 웅변은 은이라는 금언이 새삼 와닿는다.

처세 전문가들은 언어생활의 중요성을 항상 강조한다. 쓸데없는 말을 줄임으로써 필요 없는 오해와 비방을 받지 않는 것이 현명하다. 처세 중 가장 상급은 다른 사람들로부터 신뢰와 인정을 받는 것이다. 그런데 말을 많이 하면 절로 실수가 나오게 되고 본의 아니게 거짓이나 과장을 보태게 되니 결국 자신에게도 손해다.

이런 이야기를 하면 자기 홍보 시대에 말을 하지 않고 자신을 어떻게 드러내느냐고 묻는 이들을 만난다. 말을 하다보면 실수도 하는 법이고 그게 인간 사회의 당연한 모습이 아니냐고 이야기한다. 물론 그렇다. 하지만 정도가 문제다. 어느 정도까지 침묵해야 하는지를 스스로 깨달아야 하지 않을까?

┃ 좋은 말이 주는 힘

솔로몬은 지혜롭게 혀를 써야 함을 역설했다. 한 가지 덧붙이자면 말을 중단하라는 의미라기보다는 침묵의 중요성을 강조하려는 의미이기도 하다.

우리 인생에서 정말 입과 혀를 잘못 놀려 낭패당한 일들이 얼마나 많은가. '그럼 말하지 말고 살란 말인가' 하고 이야기하는 사람들에게는 독일 작가, 막스 피카르트의 《침묵의 세계》를 권하고 싶다.

피카르트는 '침묵이 말을 멈추는 행위가 아니라 오히려 능동적이며 말을 포기하는 대신 그 이상의 의미를 전달하는 행위'라고 보았다. 그는 "한 가지 죄만 지을 것을 말을 많이 함으로써 백가지 죄를 짓게 된다"고 말했다. 솔로몬은 잠언에서 이렇게 기록했다.

네 입의 말로 네가 얽혔으며 네 입의 말로 인하여 잡히게 되었느니라

_ 잠언 6:2

의인의 혀는 순은과 같거니와 악인의 마음은 가치가 적으니라

_ 잠언 10:20

솔로몬은 잠언 전체에서 지혜로운 사람과 미련한 사람의 차이를 설명하면서 지혜로운 사람은 입과 혀를 통제할 수 있는 사람이라고 보았다. 잠언 10장에서 '혀'를 '순은純銀'이라고 했는데, '순은'은 불로 제련된 순수한 은을 말한다. 일본어 공동번역 성경은 이것을 '정선된 은銀'이라고 기록했다. '의인의 혀는 순은과 같다'는 말은 혀를 잘 통제할 수 있어서 좋은 말과 나쁜 말을 가려할 수 있을 뿐 아니라, 어떤 상황에서든 스스로 혀를 통제할 수 있는 마음가짐을 가지는 것을 말함이 아니겠는가.

여기서 다시 살피자면 '어떤 환경에서든, 어떤 형편에서든'이라는 전제조건이 참으로 중요하다고 생각한다. 좋은 사람에게 잘하는 것은 누구나 할 수 있는 일이다. 자신에게 은혜를 베풀거나 많은 도움을 준 사람에게는 누구나 친절하고 좋은 말로 대할 수 있다. 하지만 나를 힘들게 하고 불편하게 만드는 사람에게도 그럴 수 있을까? 결코 쉬운 일이 아니다.

어떤 노 신부님 이야기가 생각난다. 이 신부님은 참으로 혀를 잘 훈련시킨 분이셨다. 어느 날 신자들과 같이 차를 타고 나갔는데 직접 운전해보고 싶어 운전대를 잡았다. 그런데 하필 오토바이를 탄 어떤 배달원이 운행하는 차선으로 갑자기 끼어들었다. 너무 놀란 신부님이 간신히 차를 멈추었다. 놀란 가슴을 쓸어내리면서 이 신부님이 격한 표정으로 창문을 열었다. 차 안에 있던 신자들의 눈이 모두 신부님의 입에 쏠렸다. 신부님이 과연 무슨 욕을 할까 하는 표정들이었다. 그 순간 신부님이 걸쭉한 목소리로 외쳤다.

"야, 이 복받을 놈아!"

그 순간 차 안에 같이 타고 있던 신자들의 웃음이 폭발하고 말았다. 우리는 과연 이런 반응이 가능할까?

솔로몬은 잠언 10장 20절에서 의인은 순은의 혀를 가진 자이고 악인의 혀는 가치가 적다는 말로 정의하고 있다. 가치가 적다의 히브리어 원어는 '아주 작다'는 의미다. 그러니 순은에 비할 때 아무런 가치가 없다는 것이다. 따라서 본문은 의인의 말은 진실하고 선하여 남에게 위로와 평안을 가져다줌으로써 그 가치를 금은처럼 크게 인정받지만 악인의 말은 남을 해치고 쓸데없는 싸움과 분쟁을 일으키니 공동체에서 아무런 가치가 없는 것임을 가르치고 있는 것이다.

칼로 찌름 같이 함부로 말하는 자가 있거니와 지혜로운 자의 혀는 양약과 같으니라
진실한 입술은 영원히 보존되거니와 거짓 혀는 잠시 동안만 있을 뿐이니라

_ 잠언 12:18-19

사람들 중에는 이런 사람이 꼭 있다. 평안하던 공동체가 어느 한 사람이 들어오고 나서부터 시끄럽기 시작한다. 그 전에는 없던 일이다. 남의 뒷담화는 물론 남의 말을 왜곡하며 분쟁의 씨앗을 던져 넣는다. 입이 별난 이 사람들을 통제하고 교육시키는 것은 정말 어렵다. 이들은 금새 말을 뒤집거나 말끝을 살짝 바꾸어 전함으로써 갈등을 유발하는 데 천재적이다. 공동체 하나가 이런 사람에 의해 와해되는 것은 정말 쉬운 일이다. 그래서 리더일수록 늘 신중하고 조심해야 한다. 한 걸음 한 걸음 외나무다리를 걷듯 조심하고 또 조심할 일이다. 잠언은 한발 더 나간다.

의인의 입술은 여러 사람을 교육하나 미련한 자는 지식이 없으므
로 죽느니라

_ 잠언 10:21

정말 맞는 말이다. 의인의 말은 진실 되고 사람이 마땅히 행해야
할 바른 도리와 지혜로운 삶의 길을 보여준다. 그렇게 함으로써 어
리석음을 깨우쳐주고 좋은 길로 인도한다. 하지만 미련한 자는 다른
사람들을 좋은 길로 인도하기는커녕 소경이 소경을 인도하듯 잘못
된 길로 이끄는 수가 많다. 자신 역시 멸망의 길로 나아가게 됨은 당
연하다.

솔로몬보다 2,500년이나 뒤에 태어난, 앞에서도 언급했던 퇴계
이황은 말할 때 한 번 더 생각하는 습성을 가졌다. 그의 제자인 문봉
정유일은 스승을 이렇게 설명했다. "남과 말할 때는 생각한 다음에
말하고 비록 갑작스럽고 급한 일이 생길지라도 조급한 기색을 보이
지 않고 아무리 급해도 말을 빨리 하지 않았다!" 이황이 겨레의 스
승으로 오늘날에도 존경받는 까닭이다.

무엇이 삶을 단단하게 만드는가

성공과 행복에 대한 새로운 성찰, 솔로몬의 잠언

초판 1쇄 인쇄 2015년 12월 21일   초판 1쇄 발행 2015년 12월 28일

지은이 박기현   펴낸이 연준혁

출판 2분사 1부서
편집장 김남철

펴낸곳 (주)위즈덤하우스 출판등록 2000년 5월 23일 제13-1071호
주소 경기도 고양시 일산동구 정발산로 43-20번지 센트럴프라자 6층
전화 031)936-4000 팩스 031)903-3893 홈페이지 www.wisdomhouse.co.kr

값 13,000원 ⓒ박기현, 2015
ISBN 978-89-6086-888-5 03100

국립중앙도서관 출판시도서목록(CIP)

무엇이 삶을 단단하게 만드는가 : 행복과 성공에 대한 새로운 성찰.
솔로몬의 잠언 / 지은이: 박기현. ─ 고양 : 위즈덤하우스, 2015
    p. ; cm

ISBN 978-89-6086-888-5 03100: ₩13000

격언[格言]

199.8-KDC6
179.9-DDC23   CIP2015033941